诸子百家

卷二

[战国]孟子 著

富国第十

万物同宇而异体，无宜而有用为人，数也[1]。人伦并处，同求而异道，同欲而异知，生也[2]。皆有可也，知愚同；所可异也，知愚分[3]。势同而知异，行私而无祸，纵欲而不穷，则民心奋而不可说也[4]。如是，则知者未得治也；知者未得治，则功名未成也；功名未成，则群众未县也；群众未县，则君臣未立也[5]。无君以制臣，无上以制下，天下害生纵欲[6]。欲恶同物，欲多而物寡，寡则必争矣[7]。故百技所成，所以养一人也[8]。而能不能兼技，人不能兼官；离居不相待则穷，群而无分则争[9]。穷者患也，争者祸也。救患除祸，则莫若明分使群矣[10]。强胁弱也，知惧愚也，民下违上，少陵长，不以德为政。如是，则老弱有失养之忧，而壮者有分争之祸矣[11]。事业所恶也，功利所好也，职业无分，如是，则人有树事之患，而有争功之祸矣[12]。男女之合，夫妇之分，婚姻娉内送逆无礼；如是，则人有失合之忧，而有争色之祸矣[13]。故知者为之分也[14]。

足国之道，节用裕民，而善臧其余[15]。节用以礼，裕民以政[16]。彼裕民故多余，裕民则民富，民富则田肥以易，田肥以易则出实百倍[17]。上以法取焉，而下以礼节用之[18]。余若丘山，不时焚烧，无所臧之[19]。夫君子奚患乎无余[20]！故知节用裕民，则必有仁义圣良之名，而且有富厚丘山之积矣[21]。此无他故焉，生于节用裕民也。不知节用裕民则民贫，民贫则田瘠以秽，田瘠以秽则出实不半，上虽好取侵夺，犹将寡获也；而或以无礼节用之，则必有贪利纠诱之名，而且有空虚穷乏之实矣[22]。此无它故焉，不知节用裕民也。《康诰》曰：『弘覆乎天，若德裕乃身[23]。』此之谓也。

礼者，贵贱有等，长幼有差，贫富轻重皆有称者也[24]。故天子袾裷衣冕，诸侯玄裷衣冕，大夫裨冕，士皮弁服[25]。德必称位，位必称禄，禄必称用，由士以上则必以礼乐节之，众庶百姓则必以法数制之[26]。量地而立国，计利而畜民，度人力而授事；使民必胜事，事必出利，利足以生民，皆使衣食百用出入相揜，必时臧余，谓之称数[27]。故自天子通于庶人，事无大小多少，由是推之[28]。故曰：朝无幸位，民无幸生[29]。此之谓也。

轻田野之税，平关市之征，省商贾之数，罕兴力役，无夺农时，如是则国富矣[30]。夫是之谓以政裕民。

人之生，不能无群，群而无分则争，争则乱，乱则穷矣。故无分者，人之大害也；有分者，天下之本利也；而人君者，所以管分之枢要也[31]。故美之者，是美天下之本也；安之者，是安天下之本也；贵之者，是贵天下之本也[32]。古者先王分割而等异之也，故使或美，或恶，或厚，或薄，或佚乐，或劬劳，非特以为淫泰夸丽之声，将以明仁之文，通仁之顺也[33]。故为之雕琢刻镂、黼黻文章，使足以辨贵贱而已，不求其观；为之钟鼓管磬、琴瑟竽笙，使足以辨吉凶、合欢定和而已，不求其余；为之宫室台榭，使足以避燥湿、养德、辨轻重而已，不求其外[34]。《诗》曰：『雕琢其章，金玉其相，亹亹我王，纲纪四方[35]。』此之谓也。

若夫重色而衣之，重味而食之，重财物而制之，合天下而君之，非特以为淫泰也，固以为王天下，治万变，材万物，养万民，兼利天下者，为莫若仁人之善也夫[36]！故其知虑足以治之，其仁厚足以安之，其德音足以化之，得之则治，失之则乱[37]。百姓诚赖其知也，故相率而为之劳苦以务佚之，以养其知也；诚美其厚也，故为之出死断亡以覆救之，以养其厚也；诚美其德也，故为之雕琢刻镂黼黻文章以藩饰之，以养其德也[38]。故仁人在上，百姓贵之如帝，亲之如父母，为之出死断亡而愉者，无它故焉，其所是焉诚美，其所得焉诚大，其所利焉诚多也[39]。《诗》曰：『我任我辇，我车我牛，我行既集，盖云归哉[40]！』此之谓也。

故曰：君子以德，小人以力[41]。力者，德之役也[42]。百姓之力，待之而后功；百姓之群，待之而后和；百姓之财，待之而后聚；百姓之势，待之而后安；百姓之寿，待之而后长[43]。父子不得不亲，兄弟不得不顺，男女不得不欢[44]。少者以长，老者以养。故曰：『天地生之，圣人成之[45]。』此之谓也。

今之世而不然：厚刀布之敛以夺之财，重田野之税以夺之食，苛关市之征以难其事[46]。不然而已矣，有掎挈伺诈，权谋倾覆，以相颠倒，以靡敝之，百姓晓然皆知其污漫暴乱而将大危亡也[47]；是以臣或弑其君，下或杀其上，粥其城，倍其节，而不死其事者，无它故焉，人主自取之也[48]。《诗》曰：『无言不雠，无德不报[49]。』此之谓也。

兼足天下之道在明分[50]。掩地表亩，刺中殖谷，多粪肥田，是农夫众庶之事也[51]。守时力民，进事长功，和齐百姓，使人不偷，是将率之事也[52]。高者不旱，下者不水，寒暑和节，而五谷以时孰，是天之事也[53]。若夫兼而覆之，兼而爱之，兼而制之，岁虽凶败水旱，使百姓无冻馁之患，则是圣君贤相之事也[54]。

墨子之言昭昭然为天下忧不足[55]。夫不足，非天下之公患也，特墨子之私忧过计也[56]。今是土之生五谷也，人善治之，则亩数盆，一岁而再获之；然后瓜桃枣李一本数以盆鼓，然后荤菜、百疏以泽量，然后六畜禽兽一而剸车，鼋鼍鱼鳖鳅鳣以时别一而成群，然后飞鸟、凫雁若烟海，然后昆虫万物生其间，可以相食养者不可胜数也[57]。夫天地之生万物也固有余，足以食人矣；麻葛、茧丝、鸟兽之羽毛齿革也固有余，足以衣人矣[58]。夫不足，非天下之公患也，特墨子之私忧过计也[59]。

天下之公患，乱伤之也[60]。胡不尝试相与求乱之者谁也[61]？我以墨子之『非乐』也，则使天下乱；墨子之『节用』也，则使天下贫，非将堕之也，说不免焉[62]。墨子大有天下，小有一国，将蹙然衣粗食恶，忧戚而非乐[63]。若是则瘠，瘠则不足欲，不足欲则赏不行[64]。墨子大有天下，小有一国，将少人徒，省官职，上功劳苦，与百姓均事业，齐功劳[65]。若是则不威，不威则罚不行。赏不行，则贤者不可得而进也；罚不行，则不肖者不可得而退也[66]。贤者不可得而进也，不肖者不可得而退也，则能不能不可得而官也[67]。若是则万物失宜，事变失应，上失天时，下失地利，中失人和，天下敖然，若烧若焦；墨子虽为之衣褐带索，嚽菽饮水，恶能足之乎[68]！既以伐其本，竭其原，而焦天下矣[69]。

故先王圣人为之不然，知夫为人主上者不美不饰之不足以一民也，不富不厚之不足以管下也，不威不强之不足以禁暴胜悍也[70]。故必将撞大钟、击鸣鼓、吹笙竽、弹琴瑟，以塞其耳；必将雕琢刻镂、黼黻文章，以塞其目；必将刍豢稻粱、五味芬芳，以塞其口；然后众人徒、备官职、渐庆赏、严刑罚，以戒其心；使天下生民之属，皆知己之所愿欲之举在是于也，故其赏行；皆知己之所畏恐之举在是于也，故其罚威[71]。赏行罚威，则贤者可得而进也，不肖者可得而退也，能不能可得而官也。若是则万物得宜，事变得应，上得天时，下得地利，中得人和，则财货浑浑如泉源，汸汸如河海，暴暴如丘山，不时焚烧，无所藏之，夫天下何患乎不足也[72]？故儒术诚行，则天下大而富，使而功，撞钟击鼓而和[73]。《诗》曰：『钟鼓喤喤，管磬玱玱，降福穰穰，降福简简，威仪反反。既醉既饱，福禄来反[74]。』此之谓也。故墨术诚行，则天下尚俭而弥贫，非斗而日争，劳苦顿萃而愈无功，愀然忧戚非乐而日不和[75]。《诗》曰：『天方荐瘥，丧乱弘多。民言无嘉，憯莫惩嗟[76]。』此之谓也。

垂事养民，拊循之，呴呕之，冬日则为之饘粥，夏日则与之瓜麮，以偷取少顷之誉焉，是偷道也[77]。可以少顷得奸民之誉，然而非长久之道也；事必不就，功必不立，是奸治者也[78]。傮然要时务民，进事长功，轻非誉而恬失民，事进矣而百姓疾之，是又不可偷偏者也[79]。徙坏堕落，必反无功[80]。故垂事养誉，不可；以遂功而忘民，亦不可：皆奸道也[81]。

故古人为之不然：使民夏不宛暍，冬不冻寒，急不伤力，缓不后时，事成功立，上下俱富；而百姓皆爱其上，人归之如流水，亲之欢如父母，为之出死断亡而愉者，无它故焉，忠信调和均辨之至也[82]。故君国长民者，欲趋时遂功，则和调累解，速乎急疾，忠信均辨，说乎赏庆矣；必先修正其在我者，然后徐责其在人者，威乎刑罚[83]。三德者诚乎上，则下应之如景响，虽欲无明达，得乎哉[84]！《书》曰：『乃大明服，惟民其力懋，和而有疾[85]。』此之谓也。

故不教而诛，则刑繁而邪不胜；教而不诛，则奸民不惩；诛而不赏，则勤励之民不劝；诛赏而不类，则下疑俗俭而百姓不一[86]。故先王明礼义以壹之；致忠信以爱之；尚贤使能以次之；爵服庆赏以申重之；时其事，轻其任，以调齐之；潢然兼覆之，养长之，如保赤子[87]。若是，故奸邪不作，盗贼不起，而化善者劝勉矣[88]。是何邪？则其道易，其塞固，其政令一，其防表明[89]。故曰：上一则下一矣，上二则下二矣；辟之若草木，枝叶必类本[90]。此之谓也。

不利而利之，不如利而后利之之利也[91]。不爱而用之，不如爱而后用之之功也。利而后利之，不如利而不利者之利也。爱而后用之，不如爱而不用者之功也。利而不利也，爱而不用也者，取天下者也[92]。利而后利之，爱而后用之者，保社稷者也[93]。不利而利之，不爱而用之者，危国家者也。

观国之治乱臧否，至于疆易而端已见矣[94]。其候徼支缭，其竟关之政尽察，是乱国已[95]。入其境，其田畴秽，都邑露，是贪主已[96]。观其朝廷，则其贵者不贤；观其官职，则其治者不能；观其便嬖，则其信者不悫，是暗主已[97]。凡主相臣下百吏之属，其于货财取与计数也，须孰尽察；其礼义节奏也，芒轫僈楛，是辱国已[98]。其耕者乐田，其战士安难，其百吏好法，其朝廷隆礼，其卿相调议，是治国已[99]。观其朝廷，则其贵者贤；观其官职，则其治者能；观其便嬖，则其信者悫，是明主已。凡主相臣下百吏之属，其于货财取与计数也，宽饶简易；其于礼义节奏也，陵谨尽察，是荣国已[100]。贤齐则其亲者先贵，能齐则其故者先官；其臣下百吏，污者皆化而修，悍者皆化而愿，躁者皆化而悫，是明主之功已[101]。

观国之强弱贫富有征验：上不隆礼则兵弱，上不爱民则兵弱，已诺不信则兵弱，庆赏不渐则兵弱，将率不能则兵弱[102]。上好功则国贫，上好利则国贫，士大夫众则国贫，工商众则国贫，无制数度量则国贫[103]。下贫则上贫，下富则上富。故田野县鄙者财之本也，垣窌仓廪者财之末也；百姓时和、事业得叙者货之源也，等赋府库者货之流也[104]。

故明主必谨养其和，节其流，开其源，而时斟酌焉[105]。潢然使天下必有余，而上不忧不足。如是，则上下俱富，交无所藏之，是知国计之极也[106]。故禹十年水，汤七年旱，而天下无菜色者，十年之后，年谷复熟，而陈积有余，是无它故焉，知本末源流之谓也[107]。故田野荒而仓廪实，百姓虚而府库满，夫是之谓国蹶[108]。伐其本，竭其源，而并之其末，然而主相不知恶也，则其倾覆灭亡可立而待也[109]。以国持之而不足以容其身，夫是之谓至贪，是愚主之极也[110]。将以求富而丧其国，将以求利而危其身，古有万国，今有十数焉，是无它故焉，其所以失之一也[111]。君人者，亦可以觉矣。

百里之国，足以独立矣[112]。凡攻人者，非以为名，则案以为利也，不然则忿之也[113]。仁人之用国，将修志意，正身行，伉隆高，致忠信，期文理[114]。布衣紃屦之士诚是，则虽在穷阎漏屋，而王公不能与之争名，以国载之，则天下莫之能隐匿也[115]。若是，则为名者不攻也。将辟田野，实仓廪，便备用，上下一心，三军同力[116]；与之远举极战，则不可，境内之聚也保固，视可，午其军，取其将，若拨麷[117]。彼得之不足以药伤补败；彼爱其爪牙，畏其仇敌[118]。若是，则为利者不攻也[119]。将修小大强弱之义以持慎之，礼节将甚文，珪璧将甚硕，货赂将甚厚，所以说之者必将雅文辩慧之君子也[120]。彼苟有人意焉，夫谁能忿之[121]！若是，则忿之者不攻也。为名者否，为利者否，为忿者否，则国安于盘石，寿于旗翼[122]。人皆乱，我独治；人皆危，我独安；人皆失丧之，我按起而制之[123]。故仁人之用国，非特将持其有而已也，又将兼人[124]。《诗》曰：『淑人君子，其仪不忒，其仪不忒，正是四国[125]。』此之谓也。

持国之难易：事强暴之国难，使强暴之国事我易[126]。事之以货宝，则货宝单而交不结；约信盟誓，则约定而畔无日；割国之锱铢以赂之，则割定而欲无猒[127]。事之弥顺，其侵人愈甚，必至于资单、国举然后已，虽左尧而右舜，未有能以此道得免焉者也[128]。辟之是犹使处女婴宝珠，佩宝玉，负载黄金，而遇中山之盗也，虽为之逢蒙视，诎要桡腘，若卢屋妾，由将不足以免也[129]。故非有一人之道也，直将巧繁拜请而畏事之，则不足以持国安身[130]。故明君不道也[131]。

必将修礼以齐朝，正法以齐官，平政以齐民，然后节奏齐于朝，百事齐于官，众庶齐于下[132]。如是，则近者竞亲，远方致愿，上下一心，三军同力；名声足以暴炙之，威强足以捶笞之，拱揖指挥，而强暴之国莫不趋使，譬之是犹乌获与焦侥搏也[133]。故曰：事强暴之国难，使强暴之国事我易。此之谓也。

【注释】

①宇：四方上下，即指空间世界。宜：适宜、适用，这里指固定的用处。为：通于。无宜而有用为人：虽无固定用处，却能为人所利用。数：指自然的道理。②伦：类。人伦：指各种等类的人。同求而异道：具有共同的要求，但达到要求的方法不同。知：通智，智慧。生：通性，本性。③可：认可，肯定。④势：地位。祸：患，这里是惩罚的意思。⑤知者未得治：指智者不能获得治理社会的地位。功名未成：事业和名望都没有完成，这里指一定的社会秩序和统治者的声望还没有确立起来。县：通悬，这里比喻将物挂在空中，分出上下的意思。群众未县：这里指人们还没有分出尊卑、贵贱、上下等级。君臣未立：君与臣的关系没有确立。⑥天下害生纵欲：天下将由于各自放纵欲望而产生种种祸患。⑦欲恶同物：人们都爱好或憎恶同样的东西。寡：少。⑧百技：泛指从事各种行业的人。⑨能：能力。能不能兼技：一个人的能力是不可能兼通各种技艺的。官：指管理。人不能兼官：一个人不可能兼管各种事务。离居不相待：各人自顾自而不互相依靠。穷：困穷，没有办法，这里指无法生活下去。分：等级名分。群而无分：一起生活而没有等级的区别和职业的分工。⑩明：明确。明分使群：确定上下职分和等级的差别来组织社会。⑪陵：侵犯、侮辱。为政：治理政事。失养：没人供养。分争：分离，争夺。⑫这句意思是：如果人们对踏实干一番事业都十分厌恶，对功利都十分喜好，而每个人的职业又没有明确地规定，那么，人们就会有建树不起任何事业的忧患，而且还会有争夺功利的灾祸。⑬合：结合。分：名分。娉：通聘，互相通问定亲。内：通纳，纳币，送彩礼，收彩礼。送：

送女。逆：迎娶。娉内送逆：古代婚礼的一些礼节形式。⑭这句意思是：所以聪明的人为此规定了各种名分等级制度。⑮足：富足。足国：使国家富足。道：根本方法和原则。节用裕民：节省费用，使人民宽裕。臧：同藏。善臧：善于贮藏。余：指多余的粮食和财物。⑯礼：地主阶级的等级制度、道德规范和礼节仪式。⑰彼裕民故多余：此句中的『裕民』二字据上下文义疑当为『节用』。易：治理。田肥以易：田地肥沃而且得到治理。⑱取：指税收。以法取：按法令规定收税。⑲这句意思是：余粮堆积得像小山一样，人们即使不断地烧毁还是多得没地方可藏。⑳奚：何，为什么。奚患：何必忧愁。㉑仁义：地主阶级的道德规范。㉒秽：荒芜。田瘠以秽：土地贫瘠而且荒芜。出实不半：粮食产量还不到正常收成的一半。好取：想方设法收取。寡获：得到的很少。无礼节用：不按礼的规定标准节约费用；一说『节用』二字与上面的『上虽好取侵夺』句中的『侵夺』二字互误。诉：通拆，取。纠诉：榨取。㉓《康诰》：《尚书》篇名。弘：广大。若：顺。乃：你。㉔差：差等，差别。轻重：指尊卑。称：相称。贫富轻重皆有称者：意思是，贫富贵贱都有与他们等级地位相称的规定。㉕袾：通朱，红色。袾：画龙的衣服。天子袾袾衣冕：天子穿戴红色的龙袍和帽子。玄：黑色。裨：一种礼服的名称。皮弁：用白鹿皮做的帽子。㉖德必称位：品德与地位一定相称。禄：俸禄。乐：这里泛指音乐舞蹈。节：调节。众庶百姓：广大的老百姓。法数：指治民的法度。㉗计：计算。畜：养。度：量。生民：养民。揜：同掩。相揜：相合，指平衡。时：适时。数：即上文『法数』的『数』。称数：合乎法度。㉘是：代词，指礼的各项规定。由是推之：意思是，都按礼的规定去办理。㉙朝无幸位：朝廷里没有靠侥幸得到职位而不称职的官吏。幸生：指不务正业（耕战），而得过且过的人。㉚商贾：古时对商人的统称。罕：少。㉛本利：根本利益。人君：君主。枢要：关键、中心。人君者，所以管分之枢要也：意思是，君主是掌管等级的中心。㉜美：赞美。之：代词，指君主，下文『安之』『贵之』的『之』同。安：维护。贵：尊重。㉝先王：古代的帝王，荀况理想中符合封建政治、道德要求的君主。分割：划分。等异：等级差别。美：指地位高贵。恶：指地位卑下。厚：指待遇丰厚。薄：指待遇菲薄。佚：通逸，安逸。劬：过分劳累。原本『佚』『劬』二字后边均有一『或』字，据上下文义删。非特以为淫泰夸丽之声：意思是，这并不是特意制造荒淫、骄恣、奢侈和华丽。仁：指地主阶级隆礼尊贤的道德品质。文：礼乐制度。明仁之文：明确隆礼尊贤的礼乐等级制度。顺：次序。通仁之顺：贯彻隆礼尊贤的礼乐等级次序。㉞为之：制作。下同。雕琢：雕刻玉石称雕琢。刻：雕刻木器称刻。镂：雕刻金器称镂。雕琢刻镂：泛指各种器具上雕刻的花纹。黼：黑白相间的花纹。黻：青黑相间的花纹。章：红白相间的花纹。黼黻文章：泛指礼服上的各种花纹。观：美观。磬：用石或玉做的乐器。合欢定和：意思是，使人们欢乐而又和谐。不求其余：不追求其他的。台：高而平的建筑物。榭：建在高土台上的房子。外：他，别的。不求其外：即不求别的。㉟相：质料。亹亹：形容勤勉不倦。㊱若夫：语首助词，至于的意思。重：多种，丰厚。下文的『重味』『重财物』的『重』字同。制：掌握，利用。合：统一。君：统治。王天下：统治天下。一说，『王』字当为『一』字。治万变：治理国家各种事务。材：同裁。材万物：利用万物。兼利：普遍地得到。仁人：品德高尚的人。这里指荀况理想中有德才的封建君主。㊲其：代词，指仁人。知虑：智慧。下文的『其知』的『知』同。之：代词。指人民。下文的『安之』『化之』的『之』同。安：安定。德音：指道德声望。化：感化。㊳诚赖：确实依靠。相率：争先恐后。故相率而为之劳苦以务佚之：意思是，所以争先恐后地去为君主劳苦，务必使他得到安逸。养：护养，这里有报答的意思。出死断亡：决死战斗。覆救：捍卫。藩饰：装饰。㊴帝：上帝、老天爷。贵之如帝：敬重他就像老天爷一样，这里只是借用民间对崇敬人物的赞词。其：君主。其所是焉诚美，其所得焉诚大，其所利焉诚多也：意思是，君主所确定的政令实在好，君主所取得的成绩实在大，君主所给予的利益实在多。㊵任：担负。辇：拉车。集：成功。盖：皆。㊶以：用。

小人：品德卑劣的人，这里指老百姓。㊷役：使唤。这句意思是：用力的人，受用德的人使唤。㊸待：等待，依靠。之：代词，指君子之德。百姓之力，待之而后功：意思是，百姓的能力，只有依靠君子的德去教化才能取得成功。和：和睦。势：地位。㊹父子不得不亲：意思是，父子不得到君子的德去教化，就不可能有父慈子孝那样的亲爱。顺：顺服，指和气。㊺圣人：荀况理想中地主阶级德才兼备的人。成：成就。㊻今之世：泛指那些政治昏暗的诸侯国。刀布：刀、布都是古代的钱币，这里泛指钱财。敛：聚集。苛：苛刻，繁重。难其事：这里指阻碍货物交流。㊼不然而已：不仅这样。有：通『又』。掎挈伺诈：故意挑剔，伺机欺诈。靡敝：败坏。晓然：十分明白。污漫：行为非常肮脏。大：极大。㊽是以：所以。弑：古时称地位在下的人杀地位在上的人。粥：出卖。倍：通『背』，背叛。不死其事者：不为君主的事业卖命。人主自取之也：原脱『也』字，据文义语气和《群书治要》引义补。㊾雠：回答。㊿兼足天下：使整个天下富足。(51)掩地表亩：翻耕田地，表明田地亩数。屮：古『草』字。刺屮殖谷：除去野草，种植谷物。(52)率：同帅。将率：即将帅。古时将帅兼管军民。(53)下者不水：地势低的土地不涝。和节：和顺适宜。孰：同熟。以时孰：按时成熟。天：这里指自然界。(54)兼：普遍。覆：遮盖，这里是保护的意思。制：管理；一说，当为『利』字之误。兼而覆之，兼而爱之，兼而制之：意思是，普遍地保护百姓，普遍地爱护百姓，普遍地管理百姓。岁：年头。凶败水旱：遭受旱涝灾害。餧：同馁，饥饿。(55)墨子：即墨翟，墨家学派的创始人。昭昭然：同耿耿然，不安的样子。(56)特：只是。过计：过虑。(57)盆：古代一种量器。则亩数盆，一岁而再获之：意思是，每亩收获数盆，一年收获两次。一本：一株。鼓：计算。数以盆鼓：收获的数量以盆计算。荤菜：指葱、姜、蒜一类的蔬菜。疏：同蔬。百疏：各种蔬菜。以泽量：用泽来量，形容多。一而剸车：每一种都可以装满一车。鼋：大鳖。鼍：鳄鱼的一种，俗称猪婆龙。鳣：鳝鱼。以时别：按时生育。一而成群：每一种都可以繁殖成一群。凫：一种水鸟，俗称野鸭。相食养者：作为食物供人食用。㊽固：本来。食人：供人食用。㊾夫不足：『夫』字后原衍『有余』二字，据上文『为天下忧不足』文义删。㊿乱：混乱。(61)胡：为什么。尝试：探索。相与：相互，共同。(62)非乐：反对音乐。这是墨子的一个重要论点。他认为音乐对人没有一点益处，写了《非乐》篇反对音乐。荀况认为音乐可以『移风易俗』，达到『民和而不流』『民齐而不乱』，所以他批评墨子的『非乐』是造成混乱的观点。节用：这是墨子的又一个重要观点。他主张不论君主还是普通百姓都要一样『节用』，带有绝对平均主义的色彩。荀况也很强调『节用』，但他主张『节用以礼』，即按照封建等级的规定来『节用』，要有利于巩固封建制度，促进封建经济发展，所以他批评墨子的『节用』观点，是『伐本』，『竭源』是造成社会贫困的原因。堕：毁，诽谤的意思。非将堕之也，说不免焉：意思是，这并非故意诽谤墨子，而是他的学说不免要得出这样的结果。(63)墨子大有天下，小有一国：意思是，如果让墨子大而至于治理整个天下，小而至于掌管一个诸侯国的政权。蹙然：忧愁的样子。(64)瘠：薄，这里指生活待遇菲薄。(65)人徒：左右跟随的仆从。省官职：减少官职。上功：注重功业。(66)进：任用。不肖：不贤。退：罢免。(67)能不能不可得而官也：有能力和没有能力的都无法适当地任用，指不可能根据能力的大小因材任用。(68)失宜：失调。事变失应：事情发生变化而得不到恰当地处理。敖：同熬。敖然：犹如煎熬。衣褐带索：身穿粗布衣服，腰系粗劣的带子。嚽：同啜，吃。菽：豆类的总称。恶：何，怎么。(69)以：同已。本：根本，指农业生产。原：同源。(70)为之不然：不这样做。知：懂得，明白。为人主上者：指君主。一：统一。禁暴胜悍：禁止强暴，战胜凶残。(71)塞：满足。
调：同『雕』。刍豢：指牛、羊、猪、狗等家畜，这里泛指肉类食物。渐：深，重。庆赏：奖赏。是于：同于是，在这里。皆知己之所愿欲之举在是于也：意思是，都知道自己所希望得到的全在这里。罚威：惩罚发挥了威力。(72)浑浑：形容水流很急。汸汸：形容水量很大。暴暴：形容突起。(73)儒术：荀况理想中的地主阶级治国方法。诚行：真正实行。大：同『泰』，安平。使而功：

役使百姓而且取得功效。㉔喤喤：形容声音大。玱玱：声音和谐。穰穰：形容多。简简：形容大。反反：慎重的样子。威仪反反：威严的姿态从容镇静。来反：往复。㉕尚俭而弥贫：崇尚节俭反而更加贫穷。非斗而日争：反对争斗反而每天都在争夺。顿萃：很困苦。愀然：悲观的样子。㉖荐瘥：疫病。嘉：赞许。憯：曾。嗟：叹息。㉗垂：委，弃置。垂事养民：放弃应做的事业，专对百姓搞些小恩小惠。拊循：安抚。呕呕：慈爱。饘粥：稠粥。麸：大麦粥。以偷取少顷之誉焉，是偷道也：意思是，用一些小恩小惠来窃取短时间的名誉，这是一种苟且的做法。㉘不就：不能成就。是奸治者也：这是违背封建礼义的治国方法。㉙傮然：嘈杂的样子。疾：怨恨。偷偏：不正当的极端行为。㉚徙坏：败坏。徙坏堕落，必反无功：意思是，采取败坏堕落的方法，必然反而无功。㉛遂功：成功。奸道：不合封建礼义的做法。㉜宛：通蕴，暑气。暍：中暑。急不伤力，缓不后时：意思是，紧张时不损害劳力，缓和时不误农时。俱富：都富裕，一说都幸福。辨：通『遍』。均辨：公平。㉝君国长民者：指君主。趋时：迅速。累解：宽缓。修正：纠正。徐：慢。㉞景响：同影响，指如影随形，如响应声。㉟惟：助词。懋：勤勉。㊱诛：杀，惩罚。刑繁：刑罚多。不惩：得不到惩罚。励：原为厲，据文义和《群书治要》引文改。勤励：勤劳，奋勉。不劝：得不到鼓励。诛赏而不类：赏罚不恰当。下疑：人民疑惑。俭：通险，险恶。不一：不齐心一致。㊲壹：整齐，统一。次：安排顺序。爵服：贵族的等级和等级的服装。申重：反复强调表示重视，进行鼓励。轻其任：减轻他们的负担，这里有量力而任用的意思。潢然：广大的样子。㊳化善者：改过自新的人。劝勉：勉励。㊴塞：充塞，灌输。其塞固：他们灌输于民心的思想很牢固。㊵辟：譬如。本：根，这里指种类。㊶这句意思是：没有给人民利益，却要从人民中索取利益，不如先给人民以利益然后从人民中取得利益更有利。㊷取天下者也：原为『取天下矣』，据文义和《文选》注引文改。㊸社稷：指国家。㊹臧否：好坏。易：同『埸』。疆易：边界。端：头绪。㊺候：斥候，即哨兵。徼：巡逻。

支：分散。缭：环绕。竟：同境。察：察看，检查。(96)田畴：土地。都邑露：指城墙倒塌。(97)贵者：属于高位的人。便嬖：君主的左右亲信。其信者：受到君主信任的人。悫：诚实。暗主：昏庸的君主。(98)属：原为『俗』，据下文『凡主相臣下百吏之属』句例改。取与：收取和支付。顺通慎。须孰尽察：十分慎密精细地检查。节奏：礼节法度。芒：同茫，昏暗。轫：柔软，这里指松散。僈：同慢，怠慢。楛：粗劣。(99)乐田：安心在田地里耕作。安难：不躲避困难。好法：依照法律行事。隆礼：崇尚礼。调议：议论协调。治国：治理得好的国家。(100)宽饶简易：指手续宽松简单。陵：严明。荣国：昌盛而有声望的国家。(101)齐：相等。皆化而修：都接受教化而变好。愿：诚实。(102)征验：征兆验证。已：止，禁止，指规定不许做的事。诺：允许。(103)无制数度量：耗费东西没有一定的规定和限度。(105)县鄙：泛指农村。垣：官府的货仓。窌：同『窖』。仓廪：粮仓。时和：天时和顺。事业得叙：耕作适时。(105)养其和：调养天时的和顺，指适应节气的变化。(106)这句意思是：如果这样，那么上下都富足，财物多得没地方藏，这是最懂得治国大计的。(107)禹：传说中原始社会部落的首领。汤：即商汤王，商朝的第一个君主。菜色：指饥饿的脸色。熟：成熟，指好收成。年谷复熟：庄稼又获得好收成。(108)国蹶：国家灭亡。(109)并之：聚集。可立而待：马上就要来到。(110)持：支持，供养。(111)今有十数焉：一说『有』当为『无』。(112)百里之国：指小国。(113)忿：愤恨。(114)伉：同亢，极。隆高：这里指礼义。期：通綦，极。(115)纠屦：用麻绳编的鞋。诚是：确实做到这样。阎：巷。穷阎漏屋：破烂的小巷，简陋的房子。载：任用，这里指委任。隐匿：埋没的意思。(116)三军：军队的统称，指上、中、下或左、中、右三军。(117)聚：指城镇。午：同『迕』，遭遇。麰：煮熟炒干的麦子。(118)药：医治。爪牙：指下级官兵。(119)为利者：指为了利而战争的国家。(120)将修小大强弱之义以持慎之：意思是，就要讲求处理小国大国强国弱国之间关系的道理，以持慎重对待的态度。文：有条理，完善。珪璧：诸侯朝聘、祭祀时所拿的玉器。硕：大。货赂：指敬献的礼物。厚：厚重。说之者：说客，使者。雅文辩慧：文词优雅，善于辩论。⑫这句意思是：他如果有点通情达理，谁还能愤恨呢？⑫否：指不攻打。后两个『否』同。为名者否：为名的人不来攻打。盘石：即磐石。旗：通『箕』。旗翼：均为二十八宿的星宿名称，这里比喻长久。⑫丧：衰败。按：然后。制：制裁，征服。人皆失丧之，我按起而制之：意思是，其他国家都衰败下去，我然后起来征服。⑫特：独。又：还要。兼：并。⑫淑人：善人，指有仁德的人。仪：同义。不忒：没有差错。这首诗的意思是：『贤人君子，他的礼义没有差错。他的礼义没有差错，可以治理四方的国家。』(见《诗经·曹风·尸鸠》)⑫持：保持，守。事：侍奉。⑫单：同殚，尽。畔：通叛，背叛。锱铢：古代重量单位，这里比作少量国土。猒：通厌，满足。⑫顺：原为烦，据文义和《韩诗外传》引文改。事之弥顺：侍奉他越恭顺。资：货财。国举：将自己的国家给人。已：止，完结。得免：获得避免。尧、舜：都是传说中原始社会的部落首领。未有能以此道得免焉者也：意思是，没有能用这种方法得到保全的。⑫婴：缠绕，这里指系在脖子上。一说，通璎，女子首饰。逢蒙视：不敢正视。诎：通屈。要：通腰。桡：曲。胭：膝窝。诎要桡胭：弯腰屈膝。若：原为君，形近而误，今据文义改。卢：通庐。若卢屋妾：好像人家屋里的婢妾。由：同犹。由将：仍然。⑬一人：即上文『兼人』的意思；一说是团结人民的意思。繁：一说应为敏，敏捷。巧敏，指花言巧语。⑬道：由，以。不道：不这样做。⑬齐：整齐，齐一。节奏：指礼仪法度的各种规定。⑬竞亲：争先恐后来亲近。致愿：表示愿意依附。暴：同曝，太阳光的强晒。炙：用火猛烤。暴炙之：这里是威慑天下的意思。捶笞：用鞭子抽打。捶笞之：这里是镇服天下的意思。拱揖指挥：拱着手指挥，形容轻而易举。莫不趋使：没有不受趋使的。乌获：传说为秦国的大力士，能举千斤。焦侥：矮子，传说身高只有三尺。

君道第十二

君者，民之原也；原清则流清，原浊则流浊。故有社稷者而不能爱民，不能利民，而求民之亲爱己，不可得也①。

民不亲不爱，而求其为己用，为己死，不可得也。民不为己用，不为己死，而求兵之劲，城之固，不可得也②。兵不劲，城不固，而求敌之不至，不可得也③。敌至而求无危削，不灭亡，不可得也④。危削灭亡之情举积此矣，而求安乐，是狂生者也⑤。狂生者，不胥时而乐⑥。故人主欲强固安乐，则莫若反之民；欲附下一民，则莫若反之政；欲修政美俗，则莫若求其人⑦。彼或蓄积而得之者不世绝，彼其人者，生乎今之世而志乎古之道⑧。以天下之王公莫好之也，然而是子独好之；以天下之民莫为之也，然而是子独为之⑨。好之者贫，为之者穷，然而是子犹将为之也，不为少顷辍焉⑩。晓然独明于先王之所以得之、所以失之，知国之安、危、臧、否若别白黑⑪。则是其人也，大用之，则天下为一，诸侯为臣；小用之，则威行邻敌；纵不能用，使无去其疆域，则国终身无故⑫。故君人者，爱民而安，好士而荣，两者无一焉而亡⑬。《诗》曰：『介人维藩，大师维垣⑭。』此之谓也。

【注释】

①社稷：指国家。不可得也：是不可能的。②劲：坚强，强大。求兵之劲，城之固：意思是，希望军队强大，城防坚固。③不至：不来到。④危削：危险削弱。⑤举：全都。狂生者：指不顾国家安危而一味追求安逸享乐的人。⑥胥：须，等待。不胥时而乐：指不顾时宜地寻求享乐。⑦反之民：反过来依靠人民。附下：使臣下归附。一民：统一人民。反之政：反过来搞好政事。修政：处理好政事。其人：指具有地主阶级德才的人。⑧彼：那，指有封建德才的人。蓄积：累积。彼或蓄积：那有德才的人是很多的。之：代词，指有德才的人。得之者：得到这种人的人。不世绝：世世代代都有。志：识，了解。道：地主阶级政治、思想的总原则。⑨王公：指诸侯国的国君。莫好：都不喜好。子：古时对男子的尊称。这里指有德才的人。是子：这个人。下同。莫为之：都不做的事情。⑩贫：贫困。穷：穷苦。犹将为之：仍然坚持去做。辍：停止。不为少顷辍焉：不因此而有片刻的停止。⑪晓然独明：只有他是清楚地了解。所以得之：为什么成功。臧：

好，指强大。否：坏，指衰弱。⑫则是其人也：原为『是其人者也』，据文义和《韩诗外传》引文改。威行邻敌：威望影响到邻邦和敌国。使无去其疆域：不要让他离开自己的国家。故：事故，变故，这里是祸害的意思。⑬君人：君主。而：则，就。安：安宁、安定。士：地主阶级的知识分子。荣：荣耀、有名望。两者无一：两者都没有。⑭介人：善人，指有才德的士。藩：篱笆。大师：大众，指百姓。垣：墙。维：连词，『就是』的意思。

臣道第十三

人臣之论：有态臣者，有篡臣者，有功臣者，有圣臣者①。内不足使一民，外不足使距难；百姓不亲，诸侯不信；然而巧敏佞说，善取宠乎上，是态臣者也②。上不忠乎君，下善取誉乎民；不恤公道通义，朋党比周，以环主图私为务，是篡臣者也③。内足使以一民，外足使以距难；民亲之，士信之；上忠乎君，下爱百姓而不倦，是功臣者也④。上则能尊君，下则能爱民；政令教化，刑下如影；应卒遇变，齐给如响；推类接誉，以待无方，曲成制象，是圣臣者也⑤。故用圣臣者王，用功臣者强，用篡臣者危，用态臣者亡。态臣用，则必死；篡臣用，则必危；功臣用，则必荣；圣臣用，则必尊。故齐之苏秦、楚之州侯、秦之张仪，可谓态臣者也⑥。韩之张去疾、赵之奉阳、齐之孟尝，可谓篡臣也⑦。齐之管仲、晋之咎犯、楚之孙叔敖，可谓功臣矣⑧。殷之伊尹、周之太公，可谓圣臣矣⑨。是人臣之论也，吉凶贤不肖之极也，必谨志之而慎自为择取焉，足以稽矣⑩。

从命而利君谓之顺，从命而不利君谓之谄⑪；逆命而利君谓之忠，逆命而不利君谓之篡⑫；不恤君之荣辱，不恤国之臧否，偷合苟容以持禄养交而已耳，谓之国贼⑬。君有过谋过事，将危国家、殒社稷之惧也，大臣、父兄有能进言于君，用则可，不用则去，谓之谏⑭；有能进言于君，用则可，不用则死，谓之争；有能比知同力，率群臣百吏而相与强君挢君，君虽不安，不能不听，遂以解国之大患，除国之大害，成于尊君安国，谓之辅⑮；有能抗君之命，窃君之重，反君之事，以安国之危，除君之辱，功伐足以成国之大利，谓之拂[16]。故谏、争、辅、拂之人，社稷之臣也，国君之宝也，明君之所尊厚也，而暗主惑君以为己贼也[17]。故明君之所赏，暗君之所罚也；暗君之所赏，明君之所杀也。伊尹、箕子可谓谏矣，比干、子胥可谓争矣，平原君之于赵可谓辅矣，信陵君之于魏可谓拂矣[18]。传曰：『从道不从君[19]。』此之谓也。

故正义之臣设，则朝廷不颇[20]；谏、争、辅、拂之人信，则君过不远[21]。爪牙之士施，则仇雠不作[22]；边境之臣处，则疆垂不丧[23]。故明主好同而暗主好独[24]。明主尚贤使能而飨其盛，暗主妒贤畏能而灭其功[25]。罚其忠，赏其贼，夫是之谓至暗，桀、纣所以灭也[26]。

事圣君者，有听从无谏争[27]；事中君者，有谏争无谄谀；事暴君者，有补削无挢拂[28]。迫胁于乱时，穷居于暴国，而无所避之，则崇其美，扬其善，违其恶，隐其败，言其所长，不称其所短，以为成俗[29]。《诗》曰：『国有大命，不可以告人，妨其躬身[30]。』此之谓也。

恭敬而逊，听从而敏，不敢有以私决择也，不敢有以私取与也，以顺上为志，是事圣君之义也[31]。忠信而不谀，谏争而不谄，挢然刚折端志而无倾侧之心，是案曰是，非案曰非，是事中君之义也[32]。调而不流，柔而不屈，宽容而不乱，晓以至道而无不调和也，而能化易，时关内之，是事暴君之义也[33]。若驭朴马，若养赤子，若食馁人，故因其惧也而改其过，因其忧也而辨其故，因其喜也而入其道，因其怒也而除其怨，曲得所谓焉[34]。《书》曰：『从命而不拂，微谏而不倦；为上则明，为下则逊[35]。』此之谓也。

事人而不顺者，不疾者也[36]；疾而不顺者，不敬者也；敬而不顺者，不忠者也；忠而不顺者，无功者也；有功而不顺者，无德者也。故无德之为道也，伤疾、堕功、灭苦，故君子不为也[37]。

有大忠者，有次忠者，有下忠者，有国贼者。以德复君而化之，大忠也[38]；以德调君而辅之，次忠也[39]；以是谏非而怒之，下忠也[40]；不恤君之荣辱，不恤国之臧否，偷合苟容以持禄养交而已耳，国贼也[41]。若周公之于成王也，可谓大忠矣[42]；若管仲之于桓公，可谓次忠矣[43]；若子胥之于夫差，可谓下忠矣[44]；若曹触龙之于纣者，可谓国贼矣[45]。

仁者必敬人[46]。凡人非贤，则案不肖也。人贤而不敬，则是禽兽也；人不肖而不敬，则是狎虎也[47]。禽兽则乱，狎虎则危，灾及其身矣[48]。《诗》曰：『不敢暴虎，不敢冯河。人知其一，莫知其他。战战兢兢，如临深渊，如履薄冰[49]。』此之谓也。故仁者必敬人。

敬人有道[50]。贤者则贵而敬之，不肖者则畏而敬之；贤者则亲而敬之，不肖者则疏而敬之。其敬一也，其情二也[51]。若夫忠信端悫而不害伤，则无接而不然，是仁人之质也[52]。忠信以为质，端悫以为统，礼义以为文，伦类以为理，喘而言，臑而动，而一可以为法则[53]。《诗》曰：『不僭不贼，鲜不为则[54]。』此之谓也。

恭敬，礼也；调和，乐也；谨慎，利也；斗怒，害也[55]。故君子安礼乐利，谨慎而无斗怒，是以百举不过也[56]。小人反是[57]。

通忠之顺，权险之平，祸乱之从声：三者非明主莫之能知也[58]。争然后善，戾然后功，出死无私，致忠而公，夫是之谓通忠之顺，信陵君似之矣[59]。夺然后义，杀然后仁，上下易位然后贞，功参天地，泽被生民，夫是之谓权险之平，汤、武是也[60]。过而通情，和而无经，不恤是非，不论曲直，偷合苟容，迷乱狂生，夫是之谓祸乱之从声，飞廉、恶来是也[61]。传曰：『斩而齐，枉而顺，不同而一[62]。』《诗》曰：『受小球大球，为下国缀旒[63]。』此之谓也。

【注释】

①论：通伦，类别。态：容态，这里指谄媚。②内不足使一民：对内不能够统一人民。距：同『拒』。外不足使距难：

对外不能抵御敌人入侵。说：通悦，喜悦。巧敏佞说：花言巧语，阿谀奉承。善取宠乎上：善于博得君主的宠爱。③下善取誉乎民：善于在人民中骗取声誉。公道通义：泛指地主阶级的法律制度和道德规范。比周：互相勾结。朋党比周：结党营私。环：通营，迷惑。以环主图私为务：专门干迷惑君主、谋取私利的事。④士：这里指地主阶级的知识分子。⑤刑：法，效法。卒：同『猝』，突然。齐给：迅速、敏捷。誉：通与，类。无方：无常，变化不定。曲：委曲，各方面。制：制度。象：法度。⑥苏秦：战国时魏国人，曾游说燕、赵、韩、魏、齐、楚六国，联合抗秦，后在齐国被人刺死。州侯：楚襄王的宠臣。张仪：战国时魏国人，秦惠文王时任秦国宰相，善于游说，曾使六国各自和秦结成联盟，打破了苏秦六国抗秦的合约。⑦张去疾：战国时韩国宰相，生平不详。奉阳：即奉阳君，战国时赵国赵肃侯的弟弟，曾任赵相。孟尝：即孟尝君，姓田，名文，战国时齐国人，曾任齐相，后奔魏，魏昭王用他为相，合秦、赵、燕之兵共伐齐。⑧管仲：名夷吾，春秋时齐国人。咎：同舅。咎犯：春秋时晋国人，晋文公之舅，名狐偃，字犯，曾辅助晋文公称霸。孙叔敖：春秋时楚国人，楚庄王时任楚国宰相。⑨伊尹：名挚，商汤王的大臣。太公：即姜太公，又称姜子牙，因封于吕，又叫吕尚，周文王的大臣，周文王死后，辅助周武王。⑩是：这。不肖：不贤。谨志：谨慎地记住。稽：验，借鉴。⑪从命：服从君主的命令。利君：有利于君主。顺：恭顺。⑫逆：违背。⑬臧否：好坏、安危。偷合：迎合君主的言行。苟容：放弃原则，只求保住自己的地位。持禄：保持禄位。养交：豢养宾客。而已耳：语气词，罢了。⑭殒：毁灭。惧：恐惧，这里指严重危险。谏：古代称下对上的规劝叫『谏』。⑮比：联合。知：同智，这里指有见识的人。相与：在一起。挢：同矫，纠正。遂：于是。辅：辅助，辅佐。⑯抗君之命：抗拒君主的命令。重：权力。窃君之重：窃取昏庸君主的权力。反君之事：反对国君的错误行为。伐：战功。功伐：泛指功劳。拂：通弼，校正弓的器具，这里指矫正。⑰明君：明智的君主。尊厚：尊敬和重用。明君之所尊厚也：

『之』字原脱，据文义和《群书治要》引文补。暗主惑君：昏庸糊涂的君主。⑱箕子、比干：商朝末年人，奴隶主贵族。他们曾因多次强劝纣王遵先王之道，结果，箕子被降为奴隶，比干被处死。子胥：姓伍名员，字子胥，春秋时楚国人，原为吴国大夫。吴国打败越国，越王勾践向吴王求和，子胥规劝吴王夫差拒绝，吴王不听，反逼子胥自杀，后吴国被越国所灭。平原君：即赵胜，战国时赵惠文王的弟弟，曾任赵相。秦国围攻赵的国都邯郸，情况紧急，平原君联合楚魏解围存赵。信陵君：即魏无忌，战国时魏安佔王的弟弟。秦军围攻赵国，无忌亲自率魏军破秦以存赵，后秦国伐魏，他又率魏国之兵打败秦国。⑲传：指古书。道：荀况理想的地主阶级政治、思想的总原则。⑳正义之臣：指按照地主阶级意志行事的臣。设：任用。颇：偏邪不正。㉑信：被君主信用。一说读为伸，伸展，不受压制的意思。㉒爪牙之士：指勇士。施：不远：不久。这句意思是：谏、争、辅、拂的人被信用，那么君主的过错就不会延续很久。㉓处：驻守。垂：同陲，边疆。㉔好同：善于任用各种人才共事。好独：喜欢独断专行。㉕尚贤使能：用。推崇品德高尚的人，任用有才能的人。飨：宴享，这里有奖励、慰劳的意思。盛：通成，成就，这里指功绩。妒：嫉妒。雠：同仇。㉖至暗：极端昏庸。桀：夏朝最后一个君主。纣：商朝最后一个君主。㉗事：侍奉。圣君：荀况理想中德才兼备的封建君主。事圣君者：指侍奉圣君的大臣。㉘补削：弥补缺陷，削除过失。有补削，无挢拂：只可弥补缺陷，消除过失，但不能强行纠正。㉙迫：逼迫。穷：困穷，没办法。暴国：暴君统治的国家。迫胁于乱时，穷居于暴国：被迫处于混乱的时代，不得已居住在暴君统治的国家。崇：宣扬。其：代词，指暴国。违：通讳，回避。以为成俗：把这当作既成的习惯来遵守。㉚妨：害。躬身：亲身。㉛逊：谦让。敏：敏捷、迅速。取与：指对官爵的剥夺和给予。志：志向。义：这里指言行的原则。㉜挢然：形容坚强。端志：思想正直。倾侧：歪斜。无倾侧之心：指没有私心杂念。案：乃，则。㉝调：和，顺从。不流：不随大流。晓：启发。化易：感化和改变。关：关照。内：同纳，使接受。㉞若：像。驭：驾驭车马。朴马：未经训练的马。赤子：婴儿。食：给人吃东西。馁：饥饿。其：代词，这里指暴君。辨：辨别，分析。故：原因。㉟《书》：《书经》，是我国奴隶制时代的官方文告和政治文件汇编。㊱疾：敏捷，迅速。不疾：指怠慢。㊲无德：这里指缺乏顺从这种侍奉君主的最基本品德。堕：毁灭。㊳复：通覆，哺育。以德复君而化之：用道德覆育君主而使他感化。㊴以德调君而辅之：用道德来调养君主，辅助他治理好国家。㊵以是谏非而怒之：用正确的道理来规劝君主的过错，而触怒了他。㊶以持禄养交：「以」字下原有「之」字，据本篇上文同一句式删。㊷周公：姓姬，名旦，周成王的叔父，曾辅助成王治理国家。成王：周成王，名诵，周武王的儿子。㊸桓公：即齐桓公，春秋五霸之一。㊹夫差：春秋末年吴国的国君。㊺曹触龙：商纣王的大臣，生平不详。㊻仁者：苟况理想中具有地主阶级道德的人。㊼狎：戏弄。㊽这句意思是：如同禽兽，就会犯上作乱，戏弄老虎，那么危险、灾难就会落到自己身上了。㊾暴虎：空手打虎。冯河：涉水过河。战战兢兢：小心谨慎。履：踩。㊿这句意思是：尊敬人有一定的原则。51情：实。52若夫：至于。端悫：正直，诚实。接：交往。53统：纲纪、准则。文：文饰，这里是规范的意思。伦类：指等级统属关系。喘：小声说话。臑：通蠕，行动很轻。臑喘而言，而动：指细小的言行。一：全部。54僭：通谮，诽谤。贼：害。鲜：很少。55礼：礼节。调和：协调和谐。乐：这里是音乐舞蹈的总称。利：好处，利益。斗怒：指相互愤恨、争斗。56乐利：一说当作『乐乐』，喜爱乐。百举不过也：一切行动都不会有过错。57小人：品德卑劣的人，指那些违背封建礼义的人。58之：往、达到。通忠之顺：排除对忠诚的阻碍，达到顺从。权：变。权险之平：改变国家危险的局面，达到安定。祸乱之从声：祸乱已经出现了还随声附和。59戾：背离，违背。60义、仁：地主阶级道德规范。贞：正。汤：即商汤王，商朝的第一个君主。武：即周武王，周朝的第一个君主。这句意思是：夺取政权才能做到义；杀掉君主才能做到仁；上下变换地位才能做到正；功业能同天地并列，恩惠普及广大人民，这就叫作『权险之平』。商汤王、周武王就是这样的人。[61]通情：同情，附和。和：顺从。经：原则。狂生：《君道》篇说：『危削灭亡之情举积此矣，而求安乐，是狂生者也。』这是说不顾国家安危，而一味地追求安逸享乐。飞廉、恶来：商朝末年人，都是纣王的大臣。[62]斩：不齐。枉：不直。[63]受：承受。球：通捄，法度。小球大球：指大事小事的法度。下国：指诸侯国。缀旒：挂在旌旗上的飘带，这里指表率。这首诗的意思是：『帝王承受了大事小事的法度，作为诸侯国的表率。』

致士第十四

衡听、显幽、重明、退奸、进良之术[1]：朋党比周之誉，君子不听[2]；残贼加累之谮，君子不用[3]；隐忌雍蔽之人，君子不近[4]；货财禽犊之请，君子不许[5]。凡流言、流说、流事、流谋、流誉、流愬不官而衡至者，君子慎之[6]。闻听而明誉之，定其当不当，然后出其刑赏而还与之[7]。如是，则奸言、奸说、奸事、奸谋、奸誉、奸愬莫之试也[8]；忠言、忠说、忠事、忠谋、忠誉、忠愬莫不明通，方起以尚尽矣[9]。夫是之谓衡听、显幽、重明、退奸、进良之术。

川渊深而鱼鳖归之，山林茂而禽兽归之，刑政平而百姓归之，礼义备而君子归之[10]。故礼及身而行修，义及国而政明，能以礼挟而贵名白，天下愿，令行禁止，王者之事毕矣[11]。《诗》曰：『惠此中国，以绥四方[12]。』此之谓也。川渊者，龙鱼之居也；山林者，鸟兽之居也；国家者，士民之居也[13]。川渊枯则龙鱼去之，山林险则鸟兽去之，国家失政则士民去之[14]。

无土则人不安居，无人则土不守，无道法则人不至，无君子则道不举[15]。故土之与人也，道之与法也者，国家之本作也[16]；君子也者，道法之总要也，不可少顷旷也[17]。得之则治，失之则乱；得之则安，失之则危；得之则存，失之则亡。故有良法而乱者有之矣，有君子而乱者，自古及今，未尝闻也。传曰：『治生乎君子，乱生乎小人[18]。』此之谓也。

得众动天。美意延年。诚信如神。夸诞逐魂[19]。

人主之患，不在乎不言用贤，而在乎不诚必用贤[20]。夫言用贤者，口也，却贤者，行也；口行相反，而欲贤者之至、不肖者之退也，不亦难乎[21]！夫耀蝉者务在明其火、振其树而已，火不明，虽振其树，无益也[22]。今人主有能明其德者，则天下归之若蝉之归明火也[23]。

临事接民而以义变应，宽裕而多容，恭敬以先之，政之始也[24]；然后中和察断以辅之，政之隆也[25]；然后进退诛赏之，政之终也[26]。故一年与之始，三年与之终[27]。用其终为始，则政令不行而上下怨疾，乱所以自作也[28]。《书》曰：『义刑义杀，勿庸以即，女惟曰：未有顺事[29]。』言先教也[30]。

程者，物之准也[31]；礼者，节之准也[32]。程以立数，礼以定伦[33]。德以叙位，能以授官[34]。凡节奏欲陵，而生民欲宽[35]；节奏陵而文，生民宽而安[36]。上文下安，功名之极也，不可以加矣。

君者，国之隆也；父者，家之隆也[37]。隆一而治，二而乱。自古及今，未有二隆争重而能长久者[38]。

师术有四，而博习不与焉[39]。尊严而惮，可以为师[40]；耆艾而信，可以为师[41]；诵说而不陵不犯，可以为师[42]；知微而论，可以为师[43]。故师术有四，而博习不与焉。水深而回，树落则粪本。弟子通利则思师[44]。《诗》曰：『无言不雠，无德不报[45]。』此之谓也。

赏不欲僭，刑不欲滥[46]。赏僭则利及小人，刑滥则害及君子[47]。若不幸而过，宁僭无滥[48]；与其害善，不若利淫[49]。

【注释】

①衡：平、不偏。衡听：广泛地听取意见。显幽：指把被埋没的人才挖掘出来。重明：即明明，表彰贤明的人。

②誉：称赞，这里指吹捧。朋党比周之誉：结党营私之徒的互相吹捧。君子：荀况理想的地主阶级中有德有才的人。

③贼：《修身》篇说，『害良曰贼』，陷害好人的意思。残贼：残害。加累：加罪于别人。谮：诬陷别人的话。不用：不采纳。④隐忌：忌妒。雍：通壅。雍蔽：阻塞。隐忌雍蔽：忌妒和阻塞有才能的人。⑤禽：家禽。犊：小牛。禽犊：泛指送人的礼物。货财禽犊之请：指用贿赂求私情的。⑥流：指无根据。愬：同『诉』，诉说。不官：指不通过公开的途径。衡：通横。衡至：指通过邪门歪道来的言、事、誉等。慎之：谨慎地对待它。⑦誉：当为『愬』（察）的错字，指分辨的意思。当不当：真实或不真实。出：定出，给予。还：通『旋』，立即。还与：立即给予。⑧奸说：《非十二子》篇说，『辩说譬喻，齐给便利，而不顺礼义，谓之奸说。』这里奸言、奸说、奸事、奸谋等，泛指违背封建礼义的言行。莫之试也：没有敢来试探的了。⑨明通：畅通无阻。方起：并起。尚：同上，指君主。尽：通『进』。方起以尚尽：指忠言、忠说等全都能上达到君主那里。⑩川渊：泛指江河湖泊。刑政平：法令政治合理。礼义：地主阶级的等级制度、道德规范和礼节仪式。⑪及：达到。行修：行为端正。礼及身而行修：一个人具备了礼，行为就端正了。政明：政治清明。挟：同浃，周洽，普遍。能以礼挟而贵名白：意思是，能够普遍贯彻礼义，就会美名显扬。愿：仰慕，敬服。毕：完备。⑫中国：国中，指国都。绥：安定。⑬士民：泛指各行各业的居民。⑭枯：干涸。去：离开。险：通俭，不丰盛，这里指树木稀疏。失政：政治混乱。⑮土：国土。守：保持。道：荀况理想中地主阶级的政治、思想的总原则。法：体现地主阶级利益与意志的法律、法令、法规的总称。不至：不来到。不举：实行不起来。⑯本作：根本。⑰总要：总管。少顷：片刻。旷：缺少。⑱乎：于。小人：品德卑劣的人，指那些违背封建礼义的人。⑲诞：欺诈，狂妄。逐魂：伤神。⑳人主：君主。患：毛病。诚：真正。而在乎不诚必用贤：而在于不去真正使用贤能的人。㉑却：退去。口行相反：嘴上说的和实际做的不一样。㉒耀：照。耀蝉：夜晚用火照蝉，蝉见光后就投火而来，这是一种捕蝉的方法。振：摇动。㉓明其德者：显示出他的美德的。明火：明亮的火光。㉔多容：

广泛地容纳人。先：倡导、引导。㉕中和察断：适当地审查判断。辅：辅助。隆：盛。㉖进：进贤，指任用有贤能的人。退：退奸，指罢免奸邪的人。政之终也：指治理国家最后的一个环节。㉗这句意思是：所以第一年以第一个步骤治政，三年之后才可以用最后一个步骤治政。㉘用其终为始：用最终的治理国家的方法去最先实行。自作：从这个地方产生。

㉙义刑义杀：正当的刑杀。女：通汝，你。惟：同唯，只。顺：通慎，谨慎。㉚言先教：这就是说应该先进行教育。

㉛程：度量器具的总称。准：标准。㉜节：法度，指地主阶级等级制的各种具体规定。㉝立数：确定物的数量。㉞叙：通序，排列次序。㉟节奏：礼法制度。陵：严峻。生民：抚养人民。宽：和缓。㊱文：文理，条理。而：则。㊲隆：尊贵，指最高权威。㊳争重：争夺权力。㊴术：方法，这里指条件。博习：广博的知识。与：参与。不与：不包括在内。

㊵惮：敬畏，这里是庄重的意思。尊严而惮：尊严而且庄重。㊶耆：六十岁。艾：五十岁。耆艾：泛指年纪大。信：威信。耆艾而信：年纪大而且有威信。㊷诵说：诵读和解说。陵：乱。犯：违犯。㊸知微而论：了解精微的道理又能讲解清楚。㊹回：旋涡。树落：树叶落。本：树根。树落则粪本：落下的树叶就是树根的肥料。通利：通达顺利。弟子通利则思师：学生通达顺利时就会思念老师的好处。㊺雠：回答。㊻僭：超越法度，指过分。滥：滥用，也是指过分。㊼利及小人：使小人占到便宜。害及君子：使君子受到伤害。㊽这句意思是：如果处理政事不幸而过了分，那么，宁可在赏上过分些，也不要在罚上过了分。㊾淫：放荡不检，这里指犯罪的人。

天论第十七

天行有常，不为尧存，不为桀亡①。应之以治则吉，应之以乱则凶②。强本而节用，则天不能贫③；养备而动时，则天不能病④；循道而不贰，则天不能祸⑤。故水旱不能使之饥，寒暑不能使之疾，袄怪不能使之凶⑥。本荒而用侈，则天不能使之富；养略而动罕，则天不能使之全；倍道而妄行，则天不能使之吉⑦。故水旱未至而饥，寒暑未薄而疾，祆怪未至而凶⑧。受时与治世同，而殃祸与治世异，不可以怨天，其道然也⑨。故明于天人之分，则可谓至人矣⑩。

不为而成，不求而得，夫是之谓天职⑪。如是者，虽深，其人不加虑焉；虽大，不加能焉；虽精，不加察焉；夫是之谓不与天争职⑫。天有其时，地有其财，人有其治，夫是之谓能参⑬。舍其所以参，而愿其所参，则惑矣⑭。

列星随旋，日月递炤，四时代御，阴阳大化，风雨博施，万物各得其和以生，各得其养以成⑮。不见其事而见其功，夫是之谓神⑯。皆知其所以成，莫知其无形，夫是之谓天⑰。唯圣人为不求知天⑱。

天职既立，天功既成，形具而神生⑲。好恶、喜怒、哀乐藏焉，夫是之谓天情⑳；耳、目、鼻、口、形，能各有接而不相能也，夫是之谓天官㉑；心居中虚，以治五官，夫是之谓天君㉒；财非其类，以养其类，夫是之谓天养㉓；顺其类者谓之福，逆其类者谓之祸，夫是之谓天政㉔。暗其天君，乱其天官，弃其天养，逆其天政，背其天情，以丧天功，夫是之谓大凶㉕。圣人清其天君，正其天官，备其天养，顺其天政，养其天情，以全其天功㉖。如是，则知其所为，知其所不为矣，则天地官而万物役矣㉗。其行曲治，其养曲适，其生不伤，夫是之谓知天㉘。

故大巧在所不为，大智在所不虑㉙。所志于天者，已其见象之可以期者矣㉚。所志于地者，已其见宜之可以息者矣㉛。所志于四时者，已其见数之可以事者矣㉜。所志于阴阳者，已其见和之可以治者矣㉝。官人守天，而自为守道也㉞。

治乱天邪？曰：日月、星辰、瑞历，是禹桀之所同也；禹以治，桀以乱，治乱非天也㉟。时邪？曰：繁启、蕃长于春夏，畜积，收藏于秋冬，是又禹桀之所同也；禹以治，桀以乱，治乱非时也㊱。地邪？曰：得地则生，失地则死，是又禹、桀之所同也；禹以治，桀以乱，治乱非地也。《诗》曰：『天作高山，大王荒之；彼作矣，文王康之㊲。』此之谓也。

天不为人之恶寒也，辍冬；地不为人之恶辽远也，辍广；君子不为小人之匈匈也，辍行㊳。天有常道矣，地有常数矣，君子有常体矣㊴。君子道其常，而小人计其功㊵。《诗》曰：『礼义之不愆兮，何恤人之言兮㊶。』此之谓也。

楚王后车千乘，非知也；君子啜菽饮水，非愚也；是节然也[42]。若夫志意修，德行厚，知虑明，生于今而志乎古，则是其在我者也[43]。故君子敬其在己者，而不慕其在天者；小人错其在己者，而慕其在天者[44]。君子敬其在己者，而不慕其在天者，是以日进也；小人错其在己者，而慕其在天者，是以日退也[45]。故君子之所以日进，与小人之所以日退，一也[46]。君子小人之所以相县者，在此耳[47]！

星队，木鸣，国人皆恐[48]。曰：是何也？曰：无何也，是天地之变，阴阳之化，物之罕至者也[49]。怪之，可也，而畏之，非也[50]。夫日月之有蚀，风雨之不时，怪星之党见，是无世而不常有之[51]。上明而政平，则是虽并世起，无伤也；上暗而政险，则是虽无一至者，无益也[52]。夫星之队，木之鸣，是天地之变，阴阳之化，物之罕至者也。怪之，可也；而畏之，非也。

物之已至者，人祆则可畏也[53]。楛耕伤稼，楛耘失岁，政险失民，田秽稼恶，籴贵民饥，道路有死人，夫是之谓人祆[54]；政令不明，举错不时，本事不理，夫是之谓人祆[55]；礼义不修，内外无别，男女淫乱，父子相疑，上下乖离，寇难并至，夫是之谓人祆[56]。祆是生于乱[57]。三者错，无安国[58]。其说甚尔，其菑甚惨[59]。勉力不时，则牛马相生，六畜作祆，可怪也，而亦可畏也[60]。传曰：『万物之怪，书不说[61]。』无用之辩，不急之察，弃而不治[62]。若夫君臣之义，父子之亲，夫妇之别，则日切瑳而不舍也[63]。

雩而雨，何也[64]？曰：无何也，犹不雩而雨也[65]。日月食而救之，天旱而雩，卜筮然后决大事，非以为得求也，以文之也[66]。故君子以为文，而百姓以为神。以为文则吉，以为神则凶也。

在天者莫明于日月，在地者莫明于水火，在物者莫明于珠玉，在人者莫明于礼义[67]。故日月不高，则光晖不赫[68]；水火不积，则晖润不博[69]；珠玉不睹乎外，则王公不以为宝[70]；礼义不加于国家，则功名不白[71]。故人之命在天，国之命在礼[72]。君人者，隆礼尊贤而王，重法爱民而霸，好利多诈而危，权谋倾覆幽险而尽亡矣[73]。

大天而思之，孰与物畜而制之[74]！从天而颂之，孰与制天命而用之[75]！望时而待之，孰与应时而使之[76]！因物而多之，孰与骋能而化之[77]！思物而物之，孰与理物而勿失之也[78]！愿于物之所以生，孰与有物之所以成[79]！故错人而思天，则失万物之情[80]。

百王之无变，足以为道贯[81]。一废一起，应之以贯[82]。理贯，不乱；不知贯，不知应变[83]。贯之大体未尝亡也，乱生其差，治尽其详[84]。故道之所善，中则可从，畸则不可为，匿则大惑[85]。水行者表深，表不明则陷[86]；治民者表道，表不明则乱[87]。礼者，表也[88]。非礼，昏世也；昏世，大乱也[89]。故道无不明，外内异表，隐显有常，民陷乃去[90]。

万物为道一偏，一物为万物一偏[91]。愚者为一物一偏，而自以为知道，无知也[92]。慎子有见于后，无见于先[93]；老子有见于诎，无见于信[94]；墨子有见于齐，无见于畸[95]；宋子有见于少，无见于多[96]。有后而无先，则群众无门[97]；有诎而无信，则贵贱不分[98]；有齐而无畸，则政令不施[99]；有少而无多，则群众不化[100]。《书》曰：『无有作好，遵王之道。无有作恶，遵王之路[101]。』此之谓也。

【注释】

①天：这里指自然界，即人类社会以外的客观物质世界，它与唯心主义所宣扬的有意志的、神秘的天是对立的。行：运行、变化。常：常规，固定的次序。天行有常：自然界的运行变化是有固定的次序的。尧：传说中我国原始社会的部落首领。桀：夏朝最后的一个君主。②应：适应，对待。之：代词，指常。治：合理的措施。应之以治：用合理的措施去对待它。乱：不合理的措施。③本：这里指农业生产。④养：供养，指衣食等生活资料。动时：活动适时。⑤循：遵循，原为修，据文义改。道：指治理自然和社会的原则。不贰：专一，坚定不移。⑥祆：同『妖』。祆怪：指自然灾害和自然界的变异情况。⑦本荒：农业生产荒废。侈：浪费。略：简略，不足。动罕：懒惰。『动逆』，

活动不适时。全：健全。倍：通背，违背。⑧薄：迫近，接触。疾：病。⑨受时：遇到的天时。治世：社会安定时期。道：这里指『应之以乱则凶』的道理。然：使这样。⑩天人之分：天和人的分别。至人：最高明的人。⑪为：做。求：谋求。夫：发语词。是：指示代词，这。下同。天职：自然界的职能。⑫如是者：像这样的情况。深：深远。其人：指上文的『至人』。加：施加。能：能力，作用。精：微妙。⑬时：时令，指四季、寒暑、昼夜、风雨、水旱等变化。财：资源。治：治理，这里指人治理自然和社会的努力。参：参与，配合。能参：能和天地相互配合。⑭舍：放弃。所以参：指人治理自然和社会的努力。愿：向往。所参：指天时，地财。⑮随旋：相随旋转。炤：同照，照耀。御：进。代御：一个接着一个。阴阳大化：阴阳二气相互作用和转化。博：普遍。博施：普遍地施加于万物。其：代词，指上述列星随旋，日月递炤等现象。和：相互协调。⑯神：指自然而然的功能。⑰以：通已。无形：没有形迹可见。⑱唯：只有。圣人：荀况理想中具有完备的封建道德的人物。⑲形：指人的形体。神：指人的精神活动。形具而神生：人的形体具备了，人的精神活动随而产生。⑳焉：于此，指人的形体。天情：人所自然具有的情感。㉑接：接触。能各有接：耳、目、鼻、口、形各有不同的感触外物的能力。不相能：不能互相代替。天官：人所自然具有的感官。㉒中虚：指胸腔。治：支配，管理。君：君主，古代人认为心是主宰五官的思维器官，所以拿君来比喻它。㉓财：同裁，制裁，利用。非其类：人类以外的万物。其类：指人类。㉔天政：自然的规则。㉕暗其天君：意思是把心弄得昏暗不清。大凶：巨大的灾难。㉖清：使纯净，使清明。正：端正。备：充分，完备。养其天情：使人的感情得到调养。㉗所为：指人所能做和应做的事。所不为：指人所不能做和不应做的事。官：任用。天地官而万物役：天地为人类服务，而万物供人类役使。㉘行：行动。曲：委曲，各方面。曲治：各方面都治理得很好。曲适：各方面都恰当。生：生命。㉙大巧：指最能干的人。大智：指最聪明的人。㉚志：知，认识，下同。已：同以，下同。见：同现，显现，下同。期：预期，推测。㉛宜：适宜，指作物生长的适宜条件。息：繁殖生长。㉜四时：四季。数：指四时节气变化的次序。事：从事，指安排农业生产。㉝和：和谐、调和，原为『知』，据上文『万物各得其和以生』文义改。㉞官人：这里指掌管天文历法的人。守天：观察天象。自为：指圣人自己做的事。守道：掌握治理自然和社会的原则。㉟治乱天邪：社会安定、混乱是天造成的吗？瑞历：历象，指日月星辰运转的现象。㊱时邪：社会安定、混乱是时令造成的吗？繁：众多。启：萌芽。繁启：指农作物纷纷发芽出土。蕃：茂盛。畜：同蓄。㊲高山：指岐山，在今陕西省岐山县东北。大王：太王，亦称古公亶父，周文王姬昌的祖父。荒：大。康：安定。㊳恶：厌恶。辍：废止。辍广：缩小本来广大的面积。匈匈：同汹汹，吵吵嚷嚷。㊴常道：一定的常规。常数：一定的法则。常体：一定的规范，指符合地主阶级统治利益的行为标准。㊵道：遵循。常：指常体。计：计较。功：效果，指目前的利益。㊶愆：差错，引申为违背。『礼义之不愆兮』六字原脱，据文义和《正名》篇引同诗补。何恤：何必顾虑。㊷后车：随从的车辆。千乘：形容车辆很多。知：同智，聪明。啜：吃。菽：豆类，这里泛指粗粮。节然：偶然，凑巧。㊸志意修：指意志端正。德行厚：品行高尚。知虑明：思虑精明。志乎古：懂得古代的事。在我：在于自己的努力。㊹敬：敬重，重视。慕：指望。在天者：由自然决定的。错：同措，舍弃。㊺日进：日益进步。日退：日益退步。㊻一也：道理是一样的。㊼县：同悬，悬殊，差别。在此：就在这里，指『君子敬其在己者』，『小人慕其在天者』。㊽队：同坠，坠落。星队：指流星落地的现象。木鸣：指社树，古代祭神用的树，因风吹而发出声音，古人以为怪异。国人：众人。㊾物之罕至者：事物中很少出现的现象。㊿怪：感到奇怪。51有蚀：发生日食、月食。不时：不按时节。党：同傥，偶然。党见：偶然出现。常：通尝，曾经。是无世而不常有之：这些现象是任何一个时代都曾经出现过的。52上明：君主贤明。政平：政治稳定。并世起：指上述自然界的异常现象在同一个时代都出现。上暗：君主昏庸。政险：政治险恶。无一至者：

指上述自然界的异常现象都不出现。㊸人袄：人为的灾祸，人为的怪现象。㊹楛：粗劣。楛耕伤稼：耕作粗劣，伤害庄稼。楛耘失岁：锄草粗糙，影响收成；原为『耘耨失秽』，据文义和《韩诗外传》引文改。秽：同『秽』，荒芜。籴：买粮食。籴贵：粮价贵。㊺政令：政治法令。举：兴办。错：通措，停止。举错：泛指国家的各种措施。本事不理：不抓农业生产。㊻礼义：指地主阶级的等级制度道德规范和言行标准。修：整顿。内：指女。外：指男。父子相疑：『父』字上原衍『则』字，据文义和《韩诗外传》引文删。乖离：背离。寇难：外患内乱。㊼袄是生于乱：人妖就是这种人为的混乱造成的。㊽三者：指上述三种『人妖』。错：交错。㊾尔：通迩，浅近。菑：同灾，灾难。㊿勉力：役使人力。牛马相生：牛马相互生怪胎。六畜：猪、牛、马、羊、狗、鸡。『勉力不时，则牛马相生，六畜作袄』三句，与前后文义不相接，疑是传抄之误。一说，这三句当在上文『本事不理』下。而亦可畏也：『亦』字原为『不』字，据文义改。㊶传：指古代文籍。㊷这句意思是：没有用的辩说，不切实际的考察，应当抛弃不要。㊸瑳：同磋。切瑳：琢磨研究。日切瑳而不舍也：天天琢磨研究而不能有一刻的停止。㊹雩：古代求雨的祭祀。雨：下雨。㊺犹：如同。这句意思是：回答说，这没有什么，如同不祭神求雨而下雨是一样的。㊻食：同蚀。救：古时人们发现日月食的现象后，就敲盘打鼓呼救。卜：古时用龟甲兽骨占吉凶叫卜。筮：古时用蓍草占吉凶叫筮。非以为得求也：不是因为能祈求到什么。以文之也：用来文饰政事。㊼在天者莫明于日月：在天上的没有比日月更明亮的了。㊽晖：同辉。赫：显赫。㊾积：聚积。晖：指火的光亮。润：指水的润泽。晖润不博：光泽不多。㊿睹：当作赌，明亮，光彩显露。⑪白：显著。⑫这句意思是：所以人的命运在于如何对待自然界，国家的命运在于是否实行礼义。⑬君人者：指君主。隆礼尊贤：尊尚礼义，敬重贤人。王：称王于天下。重法爱民：重视法制，爱护人民。霸：称霸于诸侯。好利多诈：贪图私利而狡诈。权谋：权术，阴谋。倾覆：反复无常，指搞颠覆活动。幽险：阴险。⑭大：推崇。思：思慕。孰与：

如何、哪里比得上。物畜：把天当作物来畜养。制：控制。⑮从：顺从。颂：赞美。制天命而用之：掌握自然的变化次序而利用它。⑯望时：盼望天时。待之：等待天的恩赐。应时而使之：顺应季节的变化而使天时为人们服务。⑰因：听任。骋能：施展人的才能。⑱思物而物之：想着让万物为自己使用。理物而勿失之：治理万物而使万物都能得到充分合理地利用。⑲愿：仰慕。物之所以生：万物是怎样产生的。有：通右，帮助，促进。⑳错：通措，置，放弃。错人而思天：放弃人的努力而指望天的恩赐。失：丢掉。万物之情：万物的实情，意思是说，自然界是没有意志的，它不会恩赐给人什么东西。㉑百王：指历代的帝王。道贯：一贯的原则。㉒一废一起：指朝代的兴衰。贯：这里指『道贯』。㉓理贯，不乱：整理出一贯的原则来，社会就可以不至昏乱。不知贯，不知应变：不懂得一贯的原则，就不知道如何去适应事物的变化。㉔大体：指主要内容。其差：运用道发生差错。其详：运用道周密详尽。㉕道之所善：按道的标准衡量认为是正确的东西。中：指同道相符合。畸：指跟道偏离。匿：通慝，差错。㉖水行者：指涉水的人。表：标志，标准。㉗这句意思是：统治人民的君主，要以道作为标准，如果这个标准不清楚，国家就要混乱。㉘礼者，表也：礼就是治国的标准。㉙非礼：违背礼。昏世：昏暗的时代。㉚道无不明：道必须各方面都规定得明确。外内：外指外事，内指内政，《商君书·外内》说：『民之外事，莫难于战』，『民之内事，莫苦于农。』外内异表：对外事内政的处理有不同的标准。隐显：看不见的与看得见的。有常：有一定的常规。民陷乃去：人们的灾难就可以避免。㉛万物：指各种具体的事物。一偏：一部分，一方面。㉜愚者：愚昧的人。㉝慎子：即慎到，战国中期法家。后：指被动地跟在事物的后面，即荀况在《非十二子》中批评慎到『上则取听于上，下则取从于俗』的意思。先：指根据事物的变化而有所倡导。慎到主张法治，但他认为人们只要跟在法后面，『若无知之物』『推而后行，曳而后往』『动静不离于理』就行了（见《庄子·天下篇》），反对运用智慧，任用贤人而有所建树、有所倡导，这是有片面性的。因此，荀况在《非十二子》中批评他『尚法而无法』，在《解蔽》中批评他『蔽于法而不知贤』，而在本文中又批评他『有见于后，无见于先』。⑭老子：即老聃，道家代表人物，相传是春秋时楚国人。诎：同屈，委曲求全。信：同伸，有所作为。⑮墨子：即墨翟，墨家的创始人。畸：不齐。荀况从巩固封建统治秩序的要求出发，认为只有『不齐』，即明确等级，才能达到封建社会的『齐』。所以他说：『使有贫富贵贱之等，足以相兼临者，是养天下之本也。』（见《王制》）然而墨子却主张『兼爱』、取消差等。这是不符合当时地主阶级巩固封建等级统治要求的。⑯宋子：即宋钘，战国时宋国人。少：指欲望少。多：指欲望多。宋钘认为人的欲望是少的，很容易满足，只要有『五升之饭足矣』。⑰群众无门：群众就没有前进的方向。荀况认为，如果人人都推一推才动一动，而没有人带头引导，那么广大群众也就会失去前进的方向了。⑱贵贱不分：贵者和贱者无法区分。荀况认为，按着老子『有诎而无信』的思想去做，人人都委曲求全，贵者也不去积极进取，那么贵者和贱者就无法区分了。⑲政令不施：政令无法推行。荀况在《王制》中说：『众齐则不使』。所以他认为像墨子那样只讲平等，否认等级差别，那么政令就无法推行了。⑳群众不化：人们得不到教化。㉑《书》：《书经》。无有：不要。作好：有所偏好。作恶：有所偏恶。

乐论第二十

夫乐者，乐也，人情之所必不免也，故人不能无乐[①]。乐则必发于声音，形于动静，而人之道，声音、动静、性术之变尽是矣[②]。故人不能不乐，乐则不能无形，形而不为道，则不能无乱[③]。先王恶其乱也，故制雅、颂之声以道之，使其声足以乐而不流，使其文足以辨而不諰，使其曲直、繁省、廉肉、节奏，足以感动人之善心，使夫邪污之气无由得接焉[④]。是先王立乐之方也，而墨子非之，奈何[⑤]！

故乐在宗庙之中，君臣上下同听之，则莫不和敬⑥；闺门之内，父子兄弟同听之，则莫不和亲⑦；乡里族长之中，长少同听之，则莫不和顺⑧。故乐者，审一以定和者也，比物以饰节者也，合奏以成文者也⑨；足以率一道，足以治万变⑩。是先王立乐之术也，而墨子非之，奈何！

故听其雅、颂之声，而志意得广焉⑪；执其干戚，习其俯仰屈伸，而容貌得庄焉⑫；行其缀兆，要其节奏，而行列得正焉，进退得齐焉⑬。故乐者，出所以征诛也，入所以揖让也⑭。征诛揖让，其义一也⑮。出所以征诛，则莫不听从；入所以揖让，则莫不从服。故乐者，天下之大齐也，中和之纪也，人情之所必不免也⑯。是先王立乐之术也，而墨子非之，奈何！

且乐者，先王之所以饰喜也；军旅铁钺者，先王之所以饰怒也⑰。先王喜怒皆得其齐焉⑱。是故喜而天下和之，怒而暴乱畏之。先王之道，礼乐正其盛者也，而墨子非之⑲，故曰：墨子之于道也，犹瞽之于白黑也，犹聋之于清浊也，犹欲之楚而北求之也⑳。

夫声乐之入人也深，其化人也速，故先王谨为之文㉑。乐中平则民和而不流，乐肃庄则民齐而不乱。民和齐则兵劲城固，敌国不敢婴也㉒。如是，则百姓莫不安其处，乐其乡，以至足其上矣㉓。然后名声于是白，光辉于是大，四海之民，莫不愿得以为师㉔。是王者之始也㉕。乐姚冶以险，则民流僈鄙贱矣㉖。流僈则乱，鄙贱则争。乱争则兵弱城犯，敌国危之㉗。如是，则百姓不安其处，不乐其乡，不足其上矣。故礼乐废而邪音起者，危削侮辱之本也。故先王贵礼乐而贱邪音。其在序官也，曰：『修宪命，审诗商，禁淫声，以时顺修，使夷俗邪音不敢乱雅，太师之事也㉘。』

墨子曰：『乐者，圣王之所非也，而儒者为之，过也㉙。』君子以为不然。乐者，圣人之所乐也，而可以善民心，其感人深，其移风易俗易，故先王导之以礼乐而民和睦㉚。夫民有好恶之情而无喜怒之应，则乱㉛。先王恶其乱也，故修其行，正其乐，而天下顺焉㉜。故齐衰之服，哭泣之声，使人之心悲㉝；带甲婴胄，歌于行伍，使人之心伤㉞；姚治之容，郑、卫之音，使人之心淫[35]；绅、端、章甫，舞韶歌武，使人之心庄[36]。故君子耳不听淫声，目不视女邪，口不出恶言。此三者，君子慎之。

君子以钟鼓道志，以琴瑟乐心[37]。动以干戚，饰以羽旄，从以箫管[38]。故其清明象天，其广大象地，其俯仰周旋有似于四时[39]。故乐行而志清，礼修而行成，耳目聪明，血气和平，移风易俗，天下皆宁，美善相乐[40]。故曰：乐者，乐也。君子乐得其道，小人乐得其欲[41]。以道制欲，则乐而不乱；以欲忘道，则惑而不乐。故乐者，所以道乐也。金石丝竹，所以道德也[42]。乐行而民乡方矣[43]。故乐者，治人之盛者也[44]；而墨子非之。

且乐也者，和之不可变者也；礼也者，理之不可易者也[45]。乐合同，礼别异[46]。礼乐之统，管乎人心矣[47]。穷本极变，乐之情也；著诚去伪，礼之经也[48]。墨子非之，几遇刑也[49]。明王已没，莫之正也[50]。愚者学之，危其身也[51]。君子明乐，乃其德也[52]。乱世恶善，不此听也[53]。於乎哀哉！不得成也[54]。弟子勉学，无所营也[55]。

声乐之象：鼓大丽，钟统实，磬廉制，竽、笙肃和，筦、籥发猛，埙、篪翁博，瑟易良，琴妇好，歌清尽，舞意天道兼[56]。鼓，其乐之君邪！故鼓似天，钟似地，磬似水，竽、笙、筦、籥似星辰日月，鞀、柷、拊、鞷、椌、楬似万物[57]。曷以知舞之意？曰：目不自见，耳不自闻也，然而治俯仰诎信进退迟速，莫不廉制，尽筋骨之力以要钟鼓俯会之节，而靡有悖逆者，众积意謘謘乎[58]！

吾观于乡而知王道之易易也[59]。主人亲速宾及介，而众宾皆从之，至于门外，主人拜宾及介，而众宾皆入，贵贱之义别矣[60]。三揖至于阶，三让以宾升，拜至，献酬，辞让之节繁[61]。及介省矣[62]。至于众宾，升受，坐祭，立饮，不酢而降[63]。隆杀之义辨矣[64]。工入，升歌三终，主人献之；笙入三终，主人献之[65]；间歌三终，合乐三终，工告乐备，遂出[66]。二人扬觯，乃立司正[67]。焉知其能和乐而不流也[68]。宾酬主人，主人酬介，介酬众宾，少长以齿，终于沃洗者[69]。焉知其能弟长而无遗也⑩。降、说屦升坐，修爵无数⑪。饮酒之节，朝不废朝，莫不废夕⑫。宾出，主人拜送，节文终遂⑬。焉知其能安燕而不乱也⑭。贵贱明，隆杀辨，和乐而不流，弟长而无遗，安燕而不乱。此五行者，足以正身安国矣⑮。彼国安而天下安。故曰：吾观于乡而知王道之易易也。

乱世之征，其服组，其容妇，其俗淫，其志利，其行杂，其声乐险，其文章匿而采，其养生无度，其送死瘠墨，贱礼义而贵勇力，贫则为盗，富则为贼⑯。治世反是也。

【注释】

①乐者：指音乐、歌舞。乐也：喜乐，指喜乐的感情。②形：表现。人之道：做人的道理。性术：本性和所选择的道路。性术之变：指思想感情的变化。③道：同导，引导。④恶：厌恶。雅、颂：雅和颂是《诗经》中的两类诗，配有不同的乐曲，这里的雅和颂是指乐曲，即雅乐、颂乐。流：淫乱。文：指乐章。下同。辨：辨别清楚，这里指辨清乐曲的含义。諰：邪。曲直：声音回旋曲折与平直。繁省：声音复杂与简单。廉肉：声音的清晰与饱满。善心：善良的心，这里指后天形成的善心，同孟轲的性善论是不同的。使夫邪污之气无由得接焉：使那些邪气无从接触到。⑤方：道，原则。墨子：名翟，战国初期鲁国人，墨家学派的创始人。墨翟从小生产者的立场出发，曾写了《非乐》篇，主张全部取消音乐，这种思想对反对奴隶制有一定进步意义。战国后期，封建制已经开始建立，荀况适合新的社会制度的需要，看到音乐可以用来为巩固地主阶级专政服务，所以，他才批评墨子简单地否定一切音乐的错误。⑥宗庙：祖庙。和敬：和睦相敬。⑦闺门之内：指家庭内。⑧族长：即族党，指同族人之内。⑨审：审定、确定。一：这里指中音。比：配。物：指乐器。饰：通饬，整饬，调整。⑩率：统率。一道：即上文所讲的『人之道』，也就是本段所讲的君臣上下、父子兄弟、长少之间的『和敬』『和亲』『和顺』等根本道理。万变：即上文所讲的

声音、动静、性术等思想感情的变化。⑪志意得广：心胸意向就变得宽广。⑫干：盾牌。戚：斧头。干和戚都是用来表演反映打仗内容的舞具。俯仰屈伸：指舞蹈的动作。庄：庄重。⑬缀兆：舞蹈排列的位置，缀指行列的标识，兆指行列的地段。要：符合。⑭征诛：征伐杀敌。揖让：礼让。⑮其义一也：它们的意义是一致的，指下文所讲的『莫不从听』『莫不从服』，即说明乐在征诛和揖让中的作用、目的，都是使人们服从、遵守封建的礼法制度。⑯大齐：指行动完全整齐统一。中和：指性情符合礼法的要求。纪：纲纪。⑰饰：装饰，表现。浬：同斧。浬钺：大斧，古代以此指刑杀。⑱齐：恰当，适宜。⑲其：代词，指先王之道。先王之道，礼乐正其盛者也：意思是，在先王之道中，礼和乐恰恰是最重要的。⑳瞽：瞎子。清浊：指声音的清晰与浑厚。犹欲之楚而北求之也：就好像想去南边的楚国而往北行一样。㉑这句意思是：声乐对人的影响很深，改变人的感情很快，所以先王谨慎地修饰声乐。㉒婴：同撄，侵犯。㉓这句意思是：如果这样，老百姓没有不安居乐业，而最充分地去奉养君主。㉔白：显赫。师：君长。㉕始：根本。㉖姚冶：即窕冶，妖艳，形容音乐不正派。险：邪。流僈：放纵散漫。㉗犯：疑当为脆，弱。㉘序：同『叙』，叙述。序官：叙述官的职责和权限，这里指《王制》篇中『序官』那一段。宪命：法令文告。商：通章。审诗商：审查诗歌。以时顺修：顺应时势的变化，随时修订诗篇乐章。夷：古代统治者对中原以外少数民族的侮辱性称呼。夷俗邪音：荀况这里指一些落后的风俗习惯和不健康的音乐。雅：正声，指正派的音乐。太师：乐官之长。㉙为之：提倡它。过：错误。㉚移风易俗：原为『移风易俗』，据上文『其化人也速』文义补『易』字。㉛好：喜好。应：相应。㉜行：德行。㉝齐衰：丧服。㉞婴：戴。轴：同胄，头盔。伤：当作扬，发扬，振作。㉟郑、卫之音：指春秋时郑、卫两国的新乐。㊱绅：指古代贵族束在腰间的大带子。端：礼服。章甫：礼帽。韶：相传是古代虞舜时代的一种乐曲。武：想传是周武王时代的一种乐曲。㊲君子：荀况理想中具有完美的封建道德品质的人。道：同导，引导。乐心：这里是陶冶性情的意思。㊳羽：野鸡毛。旄：牦牛尾，都是古代舞蹈中的用具。从：伴随。箫：原为磬。据文义和元刻本改。㊴清明：指乐声清脆、明朗。俯仰周旋：指舞蹈动作。似于四时：好像春夏秋冬四季那样有规律的变化。㊵故乐行而志清，礼修而行成：意思是，所以音乐得到推行人们的志向就纯洁，礼义原则完备，人们的德行就能养成。美善相乐：赞美好的品德，互相都很喜乐。㊶这句意思是：君子喜欢音乐是为了提高道德修养，小人喜欢音乐是为了满足个人欲望。㊷金石丝竹：泛指各种乐器，这里也是指音乐。㊸乡：同向。乡方：向着正确的方向、道路。㊹这句意思是：所以音乐是治理人们的一个重要方面。㊺这句意思是：音乐体现着人们和谐一致的根本原则，礼体现着封建等级制度的根本原则。㊻这句意思是：音乐使人们达到和谐一致，礼使人们区分为上下贵贱等级。㊼统：总括、总体。管：约束、管束。㊽这句意思是：从根本上改变人的性情，是乐的本质。表明诚心去掉虚伪，是礼的原则。㊾几遇刑也：接近于犯罪。㊿没：同殁，死，消失。51这句意思是：愚蠢的人照着墨子『非乐』的错误主张去做，就会危害自己。52这句意思是：君子提倡音乐，乃是他重视德行的表现。53恶：厌恶。听：分辨。54於乎：同『呜呼』。於乎哀哉：感叹词。不得成也：指音乐不能充分发挥作用。55营：通荧，迷惑。56象：象征。丽：通厉，猛烈。鼓大丽：鼓声大而高。钟统实：钟声洪亮而浑厚。廉：有棱角，这里引申为声音的清晰。制：有节制，这里引申为有节奏。肃和：整齐和谐。筦、籥：均是古代编管乐器。发猛：振奋激昂。埙：陶土制的吹乐器。篪：单管横吹乐器。翁博：通滃渤，低沉而宽广。易良：声音平和。妇好：同女好，形容声音柔和婉转。清尽：清晰完美。天道兼：和自然界相合，引申为能表现自然界的万事万物。57竽、笙、筦、籥似星辰日月：原『竽、笙』后衍『箫和』二字，据上下文义删。偈、姦、拊、茉、屃、帣：均为古代打击乐器。58曷：何，怎么。治：整治。诎信：同屈伸。要：应合。靡：没有。悖逆：混乱。众：指跳舞的人。积：练习。涊涊：谆谆，态度认真。众积意涊涊乎：舞者们练习的态度是多么认真啊。⑸乡：这里指乡人饮酒的礼仪。易易：非常容易。⑹速：迎接。介：指中等地位的宾客；古代乡饮礼中，对有地位和名望的贤人叫作宾，宾的主要陪同者叫介，其他陪客叫众宾。贵贱之义别矣：接待贵者和贱者的礼节仪式在这里就区别分明了。⑹拜至：对来的宾客进行拜礼。献酬：主人拿酒献宾，宾用酒回敬，主人又用酒自饮以答谢。⑹及介省矣：对介的礼节比对宾的礼节就要省略了。⑹升受：升堂、受酒。坐祭：坐着祭酒。不酢：客人不用酒回敬主人。降：退下。⑹降：隆重。杀：减省。辨：分辨、清楚。⑹工：乐工。升歌：升到堂上而演奏歌曲。终：演奏、歌唱一篇歌或诗为一终。笙入三终：吹笙的人进入堂下，奏乐三曲。间歌三终：堂上乐工先歌唱一曲，然后堂下吹笙的人吹奏一曲，这叫作间歌，这样演奏三遍叫三终。合乐：唱歌吹笙一起合演。工告乐备：乐工报告乐已完毕。

⑹觯：酒杯。二人扬觯：主人的两个侍从举杯向宾和介敬酒。立：设立。司正：专门负责监礼的人。⑹焉：于是。⑹齿：年龄。少长以齿：按年龄长幼排列次序。终：最后。沃洗者：洗酒器等的人。⑺弟：同悌，尊敬兄长。⑺说：通脱。屦：鞋。修：行。爵：酒杯。这句意思是：下堂脱鞋，然后升堂就座，互相不断地敬酒。⑺莫：同暮。⑺节文：礼节仪式。终遂：完成。⑺燕：同宴，安。安燕：休息。⑺正身：端正自己的品行，使符合于封建道德的规范。⑺征：象征。组：丝织有花纹的宽带。服组：服装妖艳。容妇：男的模仿妇女，指妖里妖气的打扮。杂：污，行为恶劣。匿：通慝，邪恶。匿而采：内容邪恶而辞藻华丽。瘠：菲薄。墨：指墨翟节葬的主张。盗：《修身》篇说：『窃货曰盗』。贼：《修身》篇说：『害良曰贼』，指残害好人。

《法言》

【导读】

《法言》是西汉末扬雄所著。扬雄，字子云，蜀郡成都人。《法言》共十三篇，尊圣人，谈王道，重在捍卫和发扬儒家学说。

本篇为法言第一篇《学行》。『天降生民，倥侗颛蒙，恣于情性，聪明不开，训诸理。撰《学行》第一。』因而《学行》为《法言》之首，乃是以教人为学笃行为宗旨。扬雄在《学行》篇中很明确地提出『学者，所以为求君子』而非为了名利，名利之乐不如颜回之乐。他倡导人应该通过学习追求如颜回般内心的快乐，而非外在的快乐。扬雄的为学思想是十分伟大与崇高的，其淡泊名利、崇尚高贵君子品德的精神值得赞扬与继承。

学行

学，行之上也；言之次也；教人，又其次也。咸无焉，为众人①。

或曰：『人羡久生②，将以学也，可谓好学已乎？』曰：『未之好也。学不羡③。天之道，不在仲尼乎？仲尼驾说者也④，不在兹儒乎？如将复驾其说⑤，则莫若使诸儒金口而木舌⑥。』

或曰：『学无益也，如质何⑦？』曰：『未之思矣。夫有刀者礲诸⑧，有玉者错诸⑨，不礲不错，焉攸用⑩？礲而错诸，质在其中矣。否则辍。』

螟蛉之子⑪，殪而逢蜾蠃祝之曰⑫：『类我，类我⑬。』久则肖之矣⑭！速哉，七十子之肖仲尼也⑮。

学以治之，思以精之⑯，朋友以磨之，名誉以崇之，不倦以终之，可谓好学也已矣。

孔子习周公者也⑰，颜渊习孔子者也⑱。羿、逢蒙分其弓⑲，良舍其策⑳，般投其斧而习诸㉑，孰曰非也？或曰：『此名也，彼名也，处一焉而已矣㉒。』曰：『川有渎㉓，山有岳㉔，高而且大者，众人所能逾也。』

或问：『世言铸金，金可铸与？』曰：『吾闻觌君子者㉕，问铸人，不问铸金。』或曰：『人可铸与？』曰：『孔子铸颜渊矣。』或人踧尔曰㉖：『旨哉㉗！问铸金，得铸人。』

学者，所以修性也。视、听、言、貌、思，性所有也。学则正，否则邪。

师哉！师哉！桐子之命也[28]。务学不如务求师。师者，人之模范也。模不模，范不范，为不少矣。一閧[29]之市，不胜异意焉[30]；一卷之书，不胜异说焉。一閧之市，必立之平[31]。一卷之书，必立之师。

习乎习，以习非之胜是也[32]，况习是之胜非乎？呜呼[33]，学者审其是而已矣！或曰：『焉知是而习之？』曰：『视日月而知众星之蔑也，仰圣人而知众说之小也。』

学之为王者事，其已久矣。尧、舜、禹、汤、文、武汲汲[34]，仲尼皇皇[35]，其已久矣。

或问『进[36]』。曰：『水。』或曰：『为其不舍昼夜与？』曰：『有是哉[37]！满而后渐者[38]，其水乎？』或问『鸿渐[39]』。曰：『非其往不往，非其居不居[40]，渐犹水乎[41]！』请问『木渐』。曰：『止于下而渐于上者，其木也哉[42]！亦犹水而已矣[43]！』

吾未见斧藻其德若斧藻其楶者也[44]。

鸟兽触其情者也[45]，众人则异乎！贤人则异众人矣，圣人则异贤人矣。礼义之作，有以矣夫。人而不学，虽无忧，如禽何[46]？

学者，所以求为君子也。求而不得者有矣，夫未有不求而得之者也。睎骥之马[47]，亦骥之乘也。睎颜之人[48]，亦颜之徒也。或曰：『颜徒易乎？』曰：『睎之则是。』曰：『昔颜尝睎夫子矣[49]，正考甫尝睎尹吉甫矣[50]，公子奚斯尝睎尹吉甫矣[51]。不欲睎则已矣，如欲睎，孰御焉[52]？』

或曰：『书与经同[53]，而世不尚[54]，治之可乎？』曰：『可。』或人哑尔笑曰[55]：『须以发策决科[56]。』曰：『大人之学也为道，小人之学也为利。子为道乎？为利乎？』

或曰：『耕不获，猎不飨[57]，耕猎乎？』曰：『耕道而得道，猎德而得德，是获、飨已。吾不睹参辰之相比也[58]，是以君子贵迁善。迁善者，圣人之徒与！百川学海而至于海，丘陵学山不至于山，是故恶夫画也[59]。』

频频之党[60]，甚于礐斯[61]，亦贼夫粮食而已矣[62]。朋而不心[63]，面朋也[64]。友而不心，面友也。

或谓：『子之治产，不如丹圭之富[65]。』曰：『吾闻先生相与言，则以仁与义；市井相与言，则以财与利[66]。如其富！如其富[67]！』或曰：『先生生无以养也，死无以葬也，如之何？』曰：『以其所以养，养之至也。以其所以葬，葬之至也[68]。』

或曰：『猗顿之富以为孝[69]，不亦至乎？颜其馁矣[70]。』曰：『彼以其粗[71]，颜以其精[72]；彼以其回[73]，颜以其贞[74]。颜其劣乎？颜其劣乎[75]？』

或曰：『使我纡朱怀金，其乐不可量也！』曰：『纡朱怀金者之乐[76]，不如颜氏子之乐。颜氏子之乐也内，纡朱怀金者之乐也外。』或曰：『请问屡空之内[77]。』曰：『颜不孔[78]，虽得天下，不足以为乐。』『然亦有苦乎？』曰：『颜苦孔之卓之至也[79]。』或人瞿然曰[80]：『兹苦也，祇其所以为乐也与[81]？』曰：『有教立道，无止仲尼；有学术业[82]，无止颜渊。』或曰：『立道，仲尼不可为思矣；术业，颜渊不可为力矣[83]。』曰：『未之思也，孰御焉[84]？』

【注释】

①众：平凡。②羡：贪、欲。③学不羡：意思是指好学者修己之道，无羡于他事。④驾：《说文》：『驾，马在轭中。』说：《方言》：『税，舍车也。』意皆同『脱』。说驾本指舍车，以比喻休息，后来讳言死则也称『说驾』。『仲尼驾说』意指孔子去世。⑤复驾其说：指在孔子去世之后修圣道。⑥金口而木舌：指锋，古代宣布政令，必摇铎来警告众人。本文中指诸儒继承孔子而宣扬圣人制作之义。⑦学无益也，如质何：意思是指材美者无须学而材下者学

无所用，故有人认为学习对人没有益处。⑧砻：磨东西。⑨错：磨，治玉的方法。⑩焉攸用：反问语气，表示没有用处。⑪螟蛉：一种绿色小虫。⑫殪：隐翳。蜾蠃：一种寄生蜂。蜾蠃常捕捉螟蛉存放在窝里，产卵在它们身体里，卵孵化后就拿螟蛉作为物。古人误认为蜾蠃不产子，喂养螟蛉为子。⑬类：相似。⑭肖：相似，相像。⑮七十子：指孔子的七十二弟子。⑯精：选择。⑰孔子习周公：周公，周文王之子，武王之弟。周灭商后，周公为修文、武之德，制礼作乐，而孔子特别推崇周代文化，以继承周代文化为己任，孔夫子所学习和传承的多是周公所奠定的周文化，故称孔子习周公。⑱颜渊：孔子弟子，以德行著称，为孔子多所赞扬。⑲羿、逄蒙：都是古代人名，善于射箭。分弓：松解弓弦。⑳良：即王良，本名邮无恤，善于御马车。策：竹制的马鞭子。㉑般：即公输班，古代巧匠。诸：指周公、孔子、颜渊等圣人之道。㉒『此名』三句：孔子等三人有道之名，而羿等有术之名，虽然在不同处各有其名，然而他们没有什么不同之处。㉓渎：大的江河，即长江、黄河、淮河、济水四渎。㉔岳：五岳，即东岳泰山、南岳衡山、西岳华山、北岳恒山、中岳嵩山。㉕觌：相见。㉖踧尔：惊惧不安的样子。㉗旨：美好。㉘桐：通『僮』，指未成年的儿童。㉙闳：通『巷』。㉚异意：指市场上买者与卖者对商品价格的意见很多。㉛平：汉时物价皆官府制定，故称作『平』。㉜习非之胜是：长期玩习错误的知识，便以自己错误的知识胜过本来正确的知识。㉝呜呼：感叹词。㉞汲汲：形容急切的样子。㉟皇皇：通『惶』，形容求学急切不安的样子。㊱进：做官。㊲有是哉：表示惊异，指不料人对此谬解如此。㊳渐：行进。㊴鸿：大雁。㊵非其往不往，非其居不居：大雁以北方为居，秋季自北而来南，春季又回到北方。大雁往来居行有常，故而非其往不往，非其居不居。㊶渐犹水乎：指大雁之往来犹如水之流必然有理可循，比喻君子的仕进非其道不由，非其位不居。㊷下：树根。上：树枝。㊸亦犹水而已矣：意思是木必根深而后枝茂，犹如水必然源盛而后流长，比喻君子学必深厚而后仕进。㊹藻：雕饰。棨：斗拱，支承大梁的方木。㊺触：动。

㊻禽：鸟兽的总称。㊼睎：仰慕。骥：好马。㊽颜：指孔子的弟子颜渊。㊾夫子：指孔子。㊿正考甫：宋襄公的大臣。尹吉甫：周宣王的大臣。尹吉甫作《周颂》，正考甫仰慕他而作《商颂》。(51)奚斯：鲁僖公的大臣，仰慕尹吉甫作《鲁颂》。(52)御：禁止，阻止。(53)书：指像《论语》《孝经》之类的书，汉代称之为传记。经：指《易》《书》《诗》《礼》《春秋》五经。《孟子题辞》云：『孝文皇帝欲广游学之路，《论语》《孝经》《孟子》《尔雅》皆置博士，后罢传记博士，独立五经而已。』(54)世不尚：指书不立学官。(55)哑：笑声。(56)策：竹片或木片。科：等第。发策决科，指拆阅策问题目，以决定录取。旧指应试取中。(57)飨：通『享』，指『鬼神』享用祭品，引申为享受。(58)参、辰：两者都为二十八星宿名。辰星即商星，参星和商星，此出则彼没，互不相见，故而『不睹参辰之相比』。比：接近。这里是以参辰比喻道和利，指为道之学与为利之学不相为谋。(59)画：停止。(60)频频：并列，接近。党：朋群。(61)礜斯：鸟名，雀形目鸦科之寒鸦，喜群聚。(62)贼：指偷食庄稼，很贪婪。粮：为行道而用的称为粮。食：居住某地所吃的称为食。(63)不心：不以诚相待。(64)面朋：指外貌上相互媚悦。(65)丹圭：即白圭，名丹，战国时人，曾在魏国做官，后来到齐国、秦国。《汉书》中说他是经营贸易发展生产的理论鼻祖，即『天下言治生者祖』。(66)先生：以前的贤士。相与：表示同时同地做某件事。可作『共同』。市井：买卖商品的场所。(67)如其富：其如何而富，重言『如其富』，表达作者强烈的否定和批评。(68)『以其』以下：意指以礼义养，以礼义葬。(69)猗顿：战国时大工商业者，原是春秋时代鲁国的贫寒书生。他在生计艰难时，听到范蠡弃官经商很快致富的消息，于是『往而问术』。范蠡告诉他：『子欲速富，当畜母牸。』猗顿千里迢迢来到西河（今晋南一带），定居于猗氏王寮，大畜牛羊，后又兼营盐业，十年之间，成为与陶公齐名的巨富。(70)馁：饥饿。(71)粗：指修养身体。(72)精：指修养心志。(73)回：邪。(74)贞：正。(75)颜其劣乎：作者以为颜渊以精、贞，可谓孝之至，重言以表达作者强烈的感情。(76)纡：系结。朱：朱绶。古代以绶的颜色来表示地位和等级，纡朱表示有很高

的地位。⑦屡空：指颜回几至于圣道，虽然常匮乏，而乐在其中。文中是问颜回常匮乏，而所乐为何。⑱不孔：指（颜回）不以孔子为师。⑲卓：高超。⑳瞿然：惊恐四顾的样子。㉑祇：正，恰好。㉒术：即『述』，阐述。㉓不可为思、不可为力：指圣贤不可跻及。㉔未之思也，孰御焉：这句话的意思是指如果真能思，则虽然欲为夫子、颜回，谁也不能阻止。

《论衡》

【导读】

王充，字仲任，东汉会稽郡上虞县（今浙江上虞县）人。生于汉光武三年（公元27年），卒于汉平帝永元中（公元97年）。少时受业洛阳太学，师事班彪。历任县、郡功曹，州从事、治中等职，后辞官家居。汉章帝曾特诏公车征聘，因病未行。晚年生活潦倒。著有《讥俗》《政务》《论衡》《养性》，今仅存《论衡》，其思想对其后唯物主义思想的发展很有影响。

本文节选的《论死篇》等，是王充无神论思想的代表作，文中尖锐地批驳了人死灵魂不死的观点。王充写作该文的目的在于『使俗薄丧葬』，即为反对厚葬、祭祀等迷信活动提供理论依据。针对有神论者『死人为鬼，有知，能害人』的说法，王充相对地提出了『死人不为鬼，无知，不能害人』的无神论主张并加以详细论述。他认为，『气凝为人』『死还为气』，世间根本不存在死人的灵魂，可是他又承认有由气构成的鬼神现象，并接受了活的动物能变成人形来害人的说法。

论死篇

世谓死人为鬼，有知，能害人。试以物类验之，死人不为鬼，无知，不能害人。何以验之？验之以物。人，物也；物，亦物也。物死不为鬼，人死何故独能为鬼？世能别人物不能为鬼，则为鬼不为鬼尚难分明；如不能别，则亦无以知其能为鬼也。人之所以生者，精气也，死而精气灭。能为精气者，血脉也，人死血脉竭，竭而精气灭，灭而形体朽，朽而成灰土，何用为鬼？人无耳目则无所知，故聋盲之人比于草木。夫精气去人，岂徒与无耳目同哉！朽则消亡，荒忽不见[①]，故谓之鬼神。人见鬼神之形，故非死人之精也，何则？鬼神，荒忽不见之名也。人死精神升天，骸骨归土，故谓之鬼。鬼者，归也；神者，荒忽无形者也。或说：鬼神，阴阳之名也，阴气逆物而归[②]，故谓之鬼；阳气导物而生，故谓之神。神者，申也。申复无已[③]，终而复始。人用神气生，其死复归神气。阴阳称鬼神，人死亦称鬼神。气之生人，犹水之为冰也。水凝为冰，气凝为人；冰释为水，人死复神。其名为神也，犹冰释更名水也。人见名异，则谓有知，能为形而害人，无据以论之也。

人见鬼若生人之形，以其见若生人之形，故知非死人之精也。何以效之？以囊橐盈粟米[④]，米在囊中若粟在橐中，满盈坚强，立树可见。人瞻望之，则知其为粟米囊橐。何则？囊橐之形，其容可察也。如囊穿米出，橐败粟弃，则囊橐委辟[⑤]，人瞻望之，弗复见矣。人之精神藏于形体之内，犹粟米在囊橐之中也。死而形体朽，精气散，犹囊橐穿败，粟米弃出也。粟米弃出，囊橐无复有形，精气散亡，何能复有体而人得见之乎？禽兽之死也，其肉尽索[⑥]，皮毛尚在，制以为裘，人望见之，似禽兽之形。故世有衣狗裘为狗盗者，人不觉知，假狗之皮毛，故人不意疑也。今人死，皮毛朽败，虽精气尚在，神安能复假此形而以行见乎？夫死人不能假生人之形以见，犹生人不能假死人之魂以亡矣。六畜能变化象人之形者，其形尚生，精气尚在也。如死，其形腐朽，虽虎兕勇悍[⑦]，不能复化。鲁公牛哀病化为虎[⑧]，亦以未死也。世有以生形转为生类者矣，未有以死身化为生象者也。天地开辟，人皇以来[⑨]，随寿而死，若中年夭亡，以亿万数，计今人之数不若死者多，如人死辄为鬼，则道路之上一步一鬼也。人且死见鬼，宜见数百千万，满堂盈廷[⑩]，填塞巷路，不宜徒见一两人也。人之兵死也，世言其血为磷[⑪]。血者，生时之精气也。人夜行见磷，不象人形，浑沌积聚，若火光之状。磷，死人之血也，其形不类生人之血也；鬼，死人之形也，其形不类生人之形。精气去人，何故象人之体？人见鬼也，皆象死人之形，则可疑死人为鬼；或反象生人之形，病者见鬼，云甲来，甲时不死，气象甲形，如死人为鬼，病者何故见生人之体乎？

天地之性，能更生火，不能使灭火复燃；能更生人，不能令死人复见。能使灭灰更为燃火，吾乃颇疑死人能复为形。案火灭不能复燃以况之⑫，死人不能复为鬼明矣。夫为鬼者，人谓死人之精神，如审鬼者死人之精神，则人见之宜徒见裸袒之形，无为见衣带被服也。何则？衣服无精神，人死与形体俱朽，何以得贯穿之乎？精神本以血气为主，血气常附形体，形体虽朽，精神尚在，能为鬼可也；今衣服，丝絮布帛也，生时血气不附着，而亦自无血气，败朽遂已，与形体等，安能自若为衣服之形？由此言之，见鬼衣服象人，则形体亦象人矣，象人，则知非死人之精神也。

【注释】

①荒忽：同『恍惚』，指隐约不清，难以捉摸和辨认。②阴气逆物而归：阴阳五行家认为，地属阴，又认为阴气主杀，所以说阴气阻止万物和人生长，使他们死后形体归于地。逆：违背，阻止。③申复无已：指阳气和阴气结合构成有生命的东西，又离开阴气构成的形体回复到自然界，如此无止境地循环下去。申：通『伸』。复：还原，指阳气离开形体回复到自然界。④囊橐：口袋。大者称囊，小者称橐。⑤委辟：指口袋空瘪。委，通『萎』。辟，通『襞』，折叠。⑥索：尽，完。⑦兕：古代指犀牛一类的猛兽。⑧鲁公牛哀病化为虎：典出《淮南子》，公牛哀为鲁国人，得病七日后变成了老虎。⑨人皇：天地人三皇之一，传说中远古部落的酋长。⑩廷：通『庭』。院子。⑪磷：指磷火。夜间在坟地常见的蓝绿色火光，是磷所发的光，迷信的人称为『鬼火』。⑫案：根据。

逢遇篇

操行有常贤，仕宦无常遇。贤不贤，才也；遇不遇，时也；才高行洁，不可保以必尊贵；能薄操浊①，不可保以必卑贱。或高才洁行，不遇，退在下流[2]；薄能浊操，遇，在众上；世各自有以取士，士亦各自得以进[3]。进在遇，退在不遇。处尊居显，未必贤，遇也；位卑在下，未必愚，不遇也。故遇，或抱洿行[4]，尊于桀之朝[5]；不遇，或持洁节，卑于尧之廷[6]。所以遇不遇非一也：或时贤而辅恶；或以大才从于小才；或俱大才，道有清浊；或无道德，而以技合；或无技能，而以色幸。

伍员、帛喜[7]，俱事夫差[8]，帛喜尊重，伍员诛死，此异操而同主也。或操同而主异，亦有遇不遇，伊尹、箕子是也[9]。伊尹、箕子才俱也，伊尹为相，箕子为奴，伊尹遇成汤[10]，箕子遇商纣也[11]。夫以贤事贤君，君欲为治，臣以贤才辅之，趋舍偶合，其遇固宜。以贤事恶君，君不欲为治，臣以忠行佐之，操志乖忤[12]，不遇固宜。

或以贤圣之臣，遭欲为治之君，而终有不遇，孔子、孟轲是也[13]。孔子绝粮陈、蔡[14]，孟轲困于齐、梁[15]，非时君主不用善也，才下知浅，不能用大才也。夫能御骥騄者[16]，必王良也；能臣禹、稷、皋陶者，必尧、舜也。御百里之手，而以调千里之足[17]，必有摧衡折轭之患[18]；有接具臣之才[19]，而以御大臣之知，必有闭心塞意之变。故至言弃捐，圣贤距逆，非憎圣贤，不甘至言也。圣贤务高，至言难行也。夫以大才干小才[20]，小才不能受，不遇固宜。

以大才之臣，遇大才之主，乃有遇不遇，虞舜、许由、太公、伯夷是也[21]。虞舜、许由俱圣人也，并生唐世[22]，俱面于尧，虞舜绍帝统[23]，许由入山林。太公、伯夷俱贤也，并出周国，皆见武王，太公受封，伯夷饿死。夫贤圣道同、志合、趋齐[24]，虞舜，太公行耦[25]。许由、伯夷操违者，生非其世，出非其时也。道虽同，同中有异；志虽合，合中有离。何则？道有精粗，志有清浊也。许由，皇者之辅也[26]，生于帝者之时[27]；伯夷，帝者之佐也，出于王者之世，并由道德，俱发仁义。主行道德，不清不留；主为仁义，不高不止，此其所以不遇也。尧混舜浊；武王诛残，太公讨暴，同浊皆粗，举措钧齐，此其所以为遇者也。故舜王天下[28]，皋陶佐政，北人无择深隐不见[29]；禹王天下，伯益辅治[30]，伯成子高委位而耕[31]。非皋陶才愈无择，伯益能出子高也。然而皋陶、伯益进用，无择、子高退隐，进用行耦，退隐操违也。退隐势异，身虽屈，不愿进；人主不须其言，废之，意亦不恨，是两不相慕也。

商鞅三说秦孝公[32]，前二说不听，后一说用者：前二，帝王之论；后一，霸者之议也。夫持帝王之论，说霸者之主，虽精见距；更调霸说，虽粗见受。何则？精，遇孝公所不得[33]；粗遇孝公所欲行也。故说者不在善，在所说者善之，才不待贤，在所事者贤之。马圄之说无方[34]，而野人说之[35]；子贡之说有义，野人不听。吹籁工为善声[36]，因越王不喜，更为野声[37]，越王大说。故为善于不欲得善之主，虽善不见爱；为不善于欲得不善之主，虽不善不见憎。此以曲伎合，合则遇，不合则不遇。

或无伎，妄以奸巧合上志，亦有以遇者，窃簪之臣[38]，鸡鸣之客是[39]。窃簪之臣，亲于子反[40]。鸡鸣之客，幸于孟尝。子反好偷臣，孟尝爱伪客也。以有补于人君，人君赖之，其遇固宜。或无补益，为上所好，籍孺、邓通是也。籍孺幸于孝惠，邓通爱于孝文，无细简之才[41]，微薄之能，偶以形佳骨娴[42]，皮媚色称[43]。夫好容，人所好也，其遇固宜。或以丑面恶色称媚于上[44]，嫫母、无盐是也[45]。嫫母进于黄帝[46]，无盐纳于齐王[47]。故贤不肖可豫知，遇难先图[48]。何则？人主好恶无常，人臣所进无豫，偶合为是，适可为上。进者未必贤，退者未必愚，合幸得进，不幸失之。

世俗之议曰：『贤人可遇，不遇，亦自其咎也。生不希世准主[49]，观鉴治内[50]，调能定说[51]，审词际会[52]，能进有补赡主，何不遇之有？今则不然，作无益之能，纳无补之说，以夏进炉，以冬奏扇，为所不欲得之事，献所不欲闻之语，其不遇祸幸矣，何福佑之有乎？进能有益，纳说有补，人之所知也。或以不补而得佑，或以有益而获罪。且夏时炉以炙湿，冬时扇以翣火[53]。世可希，主不可准也；说可转，能不可易也。世主好文，己为文则遇；主好武，己则不遇。主好辩，有口则遇；主不好辩，己则不遇。文王不好武，武主不好文；辩主不好行，行主不好辩。文与言，尚可暴习；

行与能，不可卒成。学不宿习，无以明名。名不素著，无以遇主。仓猝之业，须臾之名，日力不足，不预闻，何以准主而纳其说，进身而托其能哉？昔周人有仕数不遇，年老白首，泣涕于涂者[54]。人或问之：『何为泣乎？』对曰：『吾仕数不遇，自伤年老失时，是以泣也。』人曰：『仕奈何不一遇也？』对曰：『吾年少之时，学为文。文德成就，始欲仕宦，人君好用老。用老主亡，后主又用武，吾更为武。武节始就，武主又亡。少主始立，好用少年，吾年又老。是以未尝一遇。』仕宦有时，不可求也。夫希世准主，尚不可为，况节高志妙[55]，不为利动，性定质成，不为主顾者乎？

且夫遇也，能不预设，说不宿具，邂逅逢喜，遭触上意，故谓之遇。如准推主调说，以取尊贵，是名为揣，不名曰遇。春种谷生，秋刈谷收[56]，求物得物，作事事成[57]，不名为遇。不求自至，不作自成，是名为遇。犹拾遗于涂，摭弃于野[58]，若天授地生，鬼助神辅，禽息之精阴庆[59]，鲍叔之魂默举[60]，若是者，乃遇耳。今俗人既不能定遇不遇之论，又就遇而誉之，因不遇而毁之，是据见效，案成事，不能量操审才能也。

【注释】

①薄：微，少。浊：浑浊。此处指操行恶劣。②下流：地位卑贱。③进：升。指当官或被重用提拔。④抱：持有。洿：同污。⑤桀：夏朝最后一个君主。名履癸。据传残暴荒淫。后被商汤打败，出奔南方而死。⑥尧：传说中陶唐氏部落酋长，炎黄联盟首领。名放勋，史称唐尧。⑦伍员：伍子胥（？—公元前484年），春秋末楚国人，由于父兄遭楚平王杀害逃往吴国而任吴国大夫。⑧夫差：春秋末吴国君主，越灭吴后自杀而死。公元前495—前473年在位。⑨伊尹：商初大臣。名伊，尹是官名。传说是商汤王妻子有莘氏女的陪嫁奴隶。⑩成汤：卜辞作唐。又称汤、成唐，原名履天乙，卜辞作太乙，高祖乙。子姓。商朝的开国君主。⑪纣：名辛，商朝最后一个君主。⑫乖：违背，不和。忤：抵触。⑬孔子（公元前551—前479年）：名丘，字仲尼。春秋时鲁国陬邑（位于今山东省曲阜市东南）人。是春秋末期思想家、

政治家、教育家，儒家的创始者。⑭陈：春秋时的小国，位于今河南淮阳一带。蔡：春秋时的小国，位于今河南新蔡一带。⑮齐：指齐国，位于今山东北部。梁：指大梁（位于今河南开封），魏国的都城，所以魏国也称为『梁』。⑯骥：千里马。騄：騄耳，马名，周穆王八骏之一。⑰调：调理。足：此处指马。⑱衡：车辕头上的横木。轭：马具，形状略作人字形，驾车时套在马的颈部。⑲接：是使用的意思。具：聊备其数。具臣：充数之臣。⑳干：求。㉑虞舜：即舜。许由：一作许繇。太公：周代齐国的始祖。姜姓，吕氏，名望，一说字子牙。伯夷：商末孤竹君长子，墨胎氏。㉒唐世：尧当政时期。㉓绍：继承。㉔趋齐：主要目的和意图一致。㉕耦：合。㉖皇者：指传说中的『三皇』。㉗帝者：指传说中的『五帝』。㉘王：统治。㉙北人无择：人名。传说舜想让位给他，他感到是耻辱，投深渊而死。㉚伯益：又称为大费。古代嬴姓各族的祖先。相传善畜牧和狩猎。为禹重用，助禹治水有功，被选为继承人。㉛伯成子高：人名。传说尧治天下，立他为诸侯。禹治天下，对禹不满，辞官务农。委：丢弃。㉜商鞅（约公元前390—前338年）：姓公孙，名鞅，战国中期卫国人，又叫『卫鞅』。后到秦国辅佐秦孝公，因为变法和作战有功，受封于商，号『商君』，也叫『商鞅』。㉝根据文意，疑『不』后夺一『欲』字。得：愿意。此处有喜欢的意思。㉞马圉：养马的人。㉟野人：住在城郊野外的人，此处指农民。说：通悦，喜欢。㊱籁：旧时一种管乐器。吹籁：指吹籁的人。㊲野声：指民间乐曲。㊳簪：旧时男女用来卡住发髻或把帽子别在头发上的一种针形首饰。窃簪之臣：指春秋时楚将子反的一个部下。㊴鸡鸣之客：指战国时齐国贵族孟尝君手下一个善于学鸡叫的食客。㊵亲：爱。子反：公子侧，字子反，春秋时楚国的大将。㊶细简之才：形容学问浅薄。㊷偶：双方一致，此处指符合君主心意。娴：文雅，优美。骨娴：体形优美。㊸称：美好。㊹称：赞颂。㊺嫫母：传说是黄帝的次妃，相貌极丑，但贤德。又作『嫫姆』『蓦母』。无盐：姓钟离，名春，传说战国时齐国无盐（位于今山东东平东）人。相貌极丑，四十岁还未嫁人，自请见齐宣王，陈述齐国四点危难，被宣王采纳，立为王后。[46]黄帝：指传说中的『五帝』之一，为中央之神。[47]齐王：此处指齐宣王田辟疆，战国初齐国君主，[48]先图：预测。[49]希世：迎合社会风气。准：估量，揣测。[50]治内：此处指君主辖境内的情况。[51]调能：调节专长。[52]司：同伺，探察，窥测。际会：遇合，时机。[53]翣：古时仪仗中用的大掌扇。此处是扇的意思。[54]涂：通途。[55]妙：通渺。[56]刈：收割。[57]得物：疑『物得』之误倒。『求物物得』与下文『作事事成』，文例一律，可证。[58]摭：拾取。[59]禽息：春秋时秦国大夫，向秦穆公推荐百里奚被拒绝，撞头而死，穆公被感动，于是任用百里奚，秦国得以强盛。阴庆：暗中推荐。[60]鲍叔：鲍叔牙，春秋时齐国大夫。以知人著称。

命禄篇

凡人遇偶及遭累害[1]，皆由命也。有死生寿夭之命，亦有贵贱贫富之命。自王公逮庶人[2]，圣贤及下愚，凡有首目之类，含血之属，莫不有命。命当贫贱，虽富贵之，犹涉祸患矣。命当富贵，虽贫贱之，犹逢福善矣。故命贵，从贱地自达；命贱，从富位自危。故夫富贵若有神助，贫贱若有鬼祸。命贵之人，俱学独达，并仕独迁；命富之人，俱求独得，并为独成[3]，贫贱反此，难达，难迁，难成，获过受罪，疾病亡遗，失其富贵，贫贱矣。是故才高行厚，未必保其必富贵；智寡德薄，未可信其必贫贱。或时才高行厚，命恶，废而不进；知寡德薄，命善，兴而超逾。故夫临事知愚，操行清浊，性与才也；仕宦贵贱，治产贫富[4]，命与时也。命则不可勉，时则不可力，知者归之于天[5]，故坦荡恬忽[6]。虽其贫贱，使富贵若凿沟伐薪，加勉力之趋，致强健之势[7]，凿不休则沟深，斧不止则薪多，无命之人，皆得所愿，安得贫贱凶危之患哉？然则或时沟未通而遇湛[8]，薪未多而遇虎。仕宦不贵，治产不富，凿沟遇湛、伐薪逢虎之类也。

有才不得施，有智不得行，或施而功不立，或行而事不成，虽才智如孔子，犹无成立之功。世俗见人节行高，则曰：『贤哲如此，何不贵？』见人谋虑深，则曰：『辩慧如此，何不富？』贵富有命福禄[9]，不在贤哲与辩慧。故曰：

富不可以筹策得，贵不可以才能成。智虑深而无财，才能高而无官。怀银纡紫[10]，未必稷、契之才；积金累玉，未必陶朱之智[11]。或时下愚而千金，顽鲁而典城[12]。故官御同才[13]，其贵殊命；治生钧知[14]，其富异禄。禄命有贫富，知不能丰杀[15]；性命有贵贱，才不能进退。成王之才不如周公[16]，桓公之知不若管仲[17]，然成、桓受尊命，而周、管禀卑秩也。案古人君希有不学于人臣，知博希有不为父师。然而人君犹以无能处主位，人臣犹以鸿才为厮役。故贵贱在命，不在智愚；贫富在禄，不在顽慧。世之论事者，以才高当为将相，能下者宜为农商。见智能之士官位不至，怪而訾之曰[18]：『是必毁于行操[19]。』行操之士，亦怪毁之曰：『是必乏于才知。』殊不知才知行操虽高，官位富禄有命。才智之人，以吉盛时举事而福至，人谓才智明审；凶衰祸来，谓愚暗。不知吉凶之命，盛衰之禄也。

白圭、子贡转货致富[20]，积累金玉，人谓术善学明。主父偃辱贱于齐[21]，排摈不用，赴阙举疏[22]，遂用于汉，官至齐相。赵人徐乐亦上书[23]，与偃章会，上善其言，征拜为郎[24]。人谓偃之才，乐之慧，非也。儒者明说一经，习之京师，明如匡稚圭[25]，深如赵子都[26]，初阶甲乙之科，迁转至郎、博士，人谓经明才高所得，非也。而说若范雎之干秦明[27]，封为应侯，蔡泽之说范雎[28]，拜为客卿[29]，人谓雎、泽美善所致，非也。皆命禄贵富善至之时也。

孔子曰：『死生有命，富贵在天。』鲁平公欲见孟子[30]，嬖人臧仓毁孟子而止[31]。孟子曰：『天也！』孔子圣人，孟子贤者，诲人安道，不失是非，称言命者，有命审也。《淮南书》曰[32]：『仁鄙在时不在行，利害在命不在智。』贾生曰[33]：『天不可与期，道不可与谋。迟速有命，焉识其时？』高祖击黥布[34]，为流矢所中，疾甚。吕后迎良医[35]，医曰：『可治。』高祖骂之曰：『吾以布衣提三尺剑取天下，此非天命乎！命乃在天，虽扁鹊何益[36]！』韩信与帝论兵[37]，谓高祖曰：『陛下所谓天授，非智力所得。』扬子云曰[38]：『遇不遇，命也。』太史公曰[39]：『富贵不违贫贱，贫贱不违富贵。』是谓从富贵为贫贱，从贫贱为富贵也。夫富贵不欲为贫贱，贫贱自至；贫贱不求为富贵，富贵自得也。

春夏囚死，秋冬王相，非能为之也；日朝出而暮入，非求之也，天道自然。代王自代入为文帝㊵，周亚夫以庶子为条侯㊶。此时代王非太子，亚夫非适嗣㊷，逢时遇会，卓然卒至。命贫以力勤致富，富至而死；命贱以才能取贵，贵至而免。才力而致富贵，命禄不能奉持，犹器之盈量，手之持重也。器受一升，以一升则平，受之如过一升，则满溢也；手举一钧㊸，以一钧则平，举之过一钧，则蹎仆矣。前世明是非，归之于命也，命审然也。信命者，则可幽居俟时，不须劳精苦形求索之也，犹珠玉之在山泽。

天命难知，人不耐审㊹，虽有厚命，犹不自信，故必求之也。如自知，虽逃富避贵，终不得离。故曰：『力胜贫，慎胜祸。』勉力勤事以致富，砥才明操以取贵㊺，废时失务，欲望富贵，不可得也。虽云有命，当须索之。如信命不求，谓当自至，可不假而自得，不作而自成，不行而自至？夫命富之人，筋力自强；命贵之人，才智自高，若千里之马，头目蹄足自相副也。有求而不得者矣，未必不求而得之者也。精学不求贵，贵自至矣。力作不求富，富自到矣。

富贵之福，不可求致；贫贱之祸，不可苟除也。由此言之，有富贵之命，不求自得。信命者曰：『自知吉，不待求也。天命吉厚，不求自得；天命凶厚，求之无益。』夫物不求而自生，则人亦有不求贵而贵者矣。人情有不教而自善者，有教而终不善者矣。天性，犹命也。越王翳逃山中㊻，至诚不愿，自冀得代。越人熏其穴，遂不得免，强立为君。而天命当然，虽逃避之，终不得离。故夫不求自得之贵欤！

【注释】

①遇偶：此处指碰巧迎合了君主或上司的心意而受到赏识和重用。累害：即三累三害，指受到来自乡里和朝廷的损害。②逮：至，到。③为：做，干。此处指从事某种营利事业。④治产：此处指经营某项事业来积累财富。⑤天：王充说的『天』，是一种物质实体，与汉儒有意志、能赏罚的『天』不同。他认为，每个人胚胎于母体时所承受的『气』，

是『天』自然而然施放的，而这种『气』又形成了人的『命』，因此此处说『知者归之于天』。⑥恬忽：心中安然，忽视外界的事物。⑦致：给予，施加。⑧湛：大水。⑨福：疑衍文。本篇以『命禄』为题，可一证。下文有『宦御同才，其贵殊命；治生钧知，其富异禄』，『命』『禄』对言，可证。命禄：此处指禄命。⑩银：指银质图章。汉代御史大夫和俸禄比二千石以上的官用这种印章。纡：系结。紫：指系在印纽上的紫色丝带。汉代的相国、丞相、太尉、将军、列侯用的金印上都束有紫色丝带。怀银纡紫：这里指当上大官。⑪陶朱：即范蠡，字少伯，楚国宛(位于今河南南阳县)人。⑫顽：质地粗劣的。鲁：愚钝。典：主管，统辖。⑬官御：疑作『宦御』。⑭治生：谋生计。钧：通均。知：智慧，本领。⑮丰杀：增减。⑯成王：周成王。西周国王，姓姬，名诵。武王死时，年幼，由叔父周公旦摄政。⑰桓公（？—公元前643年）：春秋时齐国国君，五霸之一。姓姜，名小白。公元前685—前643年在位，是位有作为的政治家。管仲（？—公元前645年）：名夷吾，字仲，亦敬仲。春秋时齐国颍上（颍水之滨）人。齐国大夫，政治家，辅助齐桓公成为春秋时第一霸主，被齐桓公尊为『仲父』。知：同智。⑱訾：非议。⑲毁：坏，缺陷。⑳白圭：战国魏文侯时人，善经商。子贡（公元前520年—？）：姓端木，名赐，字子贡。春秋时卫国人，孔子的学生。能言善辩，善经商，家累千金，所至之处和王侯贵族分庭抗礼。曾任鲁、卫相。转货：转移货物，指做买卖。㉑主父偃（？—公元前127年）：姓主父，名偃。西汉临菑（今山东临淄）人。齐：汉初分封的诸侯王国，位于今山东北部。㉒阙：皇宫门前两边的楼，后作为皇宫或皇门的代称。疏：大臣言事的奏章。㉓赵：汉初分封的诸侯王国，位于今河北南部。徐乐：西汉无终（位于今天津蓟县）人。曾上书给汉武帝阐明自己的政治主张，被任命为郎中。㉔郎：古时官名，为帝王侍从官的通称。㉕匡稚圭：匡衡，字稚圭，西汉东海承（位于今山东苍山兰陵镇）人。家贫，为人佣作。㉖深：精通。㉗范雎（？—公元前255年）：一作范且，作范雎，字叔，战国时魏国人。因事为须贾所诬，被魏相魏齐派人笞击折胁。后化名入秦，游说秦昭王，受到赏识和重用，并任为相，封于应（位于今河南宝丰西南），称应侯。干：求取。此处指通过游说希望受到重用。㉘蔡泽：战国时燕国人，曾游说范雎，范雎把他推荐给秦昭王，被任命为客卿和相国。㉙客卿：战国时各诸侯国授给从别国来本国任职的一种官名。意思是以客礼相待。㉚鲁平公：战国时鲁国国君，公元前314—前296年在位。㉛嬖人：受宠爱的人。㉜《淮南书》：即《淮南子》，西汉淮南王刘安及其门客苏非、李尚、伍被等著。书中以道家思想为主，糅合了儒、法、阴阳五行等家，一般认为是杂家著作。㉝贾生：贾谊（公元前200—前168年）：西汉洛阳（位于今河南洛阳东）人，时称贾生，是著名的政论家、文学家。曾上书给汉文帝，建议削弱诸侯势力，加强中央集权，受到汉文帝的重视。㉞高祖：汉高祖刘邦（公元前256—前195年），字季，沛县（位于今属江苏）人，西汉王朝的建立者（公元前202—前195年）在位。㉟吕后（公元前241—前180年）：汉高祖皇后，名雉，字娥姁。㊱扁鹊：姓秦，名越人，渤海鄚（位于今河北任丘）人。战国时代著名医学家，学医于长桑君，有丰富的医疗实践经验，擅长各科。因治秦武王病，被太医令李醯妒忌杀害。㊲韩信（？—公元前196年）：汉初诸侯王。淮阴（位于今江苏清江西南）人。初属项羽，继归刘邦，被任为大将，后封为齐王。汉朝建立改封楚王。后有人告他谋反，降为淮阴侯。又被告与陈豨勾结在长安谋反，为吕后所杀。帝：指汉高祖刘邦。㊳扬子云：扬雄（公元前53—公元18年），字子云，蜀郡成都（位于今属四川）人。王莽时校书天禄阁，官为大夫。西汉著名文学家、哲学家、语言学家，著有《法言》《太玄》《方言》等书及《长杨赋》《甘泉赋》《羽猎赋》等赋。㊴太史公：司马迁（公元前145—前86年左右），字子长，夏阳（位于今陕西韩城南）人。西汉著名史学家、文学家、思想家。继父职任太史令，所以称作太史公。著有我国最早的通史《史记》。㊵代：汉初分封的诸侯王国，位于今河北西部、山西东北部。代王：汉文帝登基前的封号。文帝是惠帝的异母弟弟，曾经被封为代王。惠帝、吕后死后，大臣们拥立他为帝。㊶周亚夫（？—公元前143年）：西汉名将。沛县（位于今属江苏）人。

西汉初绛侯周勃的儿子，被封条（位于今河北景县）侯。后又任太尉，带兵讨平吴楚等七国之乱，迁升为丞相。庶子：指妾生的儿子。这种人按封建时代的规定很少有继承王位或爵位的可能，但周勃的嫡子因私买御物获罪被免除爵位，所以周亚夫才被选中封侯。㊷适：通嫡，指妻生的儿子。嗣：继承人。㊸钧：旧时的重量单位，每钧三十斤。㊹耐：通能。㊺砥：磨，磨炼。明：培养。㊻越王翳：春秋时越国太子翳，他不愿意继承王位，逃到山洞中去躲避，后来越人用火熏山洞，强迫他出来，立他为王。

气寿篇

凡人禀命有二品：一曰所当触值之命①，二曰强弱寿夭之命。所当触值，谓兵、烧、压、溺也②。强寿弱夭，谓禀气渥薄也。兵、烧、压、溺，遭以所禀为命，未必有审期也。若夫强弱夭寿，以百为数，不至百者，气自不足也。夫禀气渥则其体强，体强则其命长；气薄则其体弱，体弱则命短，命短则多病，寿短。始生而死，未产而伤，禀之薄弱也。渥强之人，不卒其寿③。若夫无所遭遇，虚居困劣④，短气而死，此禀之薄，用之竭也。此与始生而死，未产而伤，一命也。皆由禀气不足，不自致于百也。

人之禀气，或充实而坚强，或虚劣而软弱。充实坚强，其年寿；虚劣软弱，失弃其身。天地生物，物有不遂；父母生子，子有不就。物有为实，枯死为堕；人有为儿⑤，夭命而伤。使实不枯，亦至满岁；使儿不伤，亦至百年。然为实、儿而死枯者，禀气薄，则虽形体完，其虚劣气少，不能充也⑥。儿生，号啼之声鸿朗高畅者寿，嘶喝湿下者夭⑦。何则？禀寿夭之命，以气多少为主性也。妇人疏字者子活⑧，数乳者子死⑨。何则？疏而气渥，子坚强；数而气薄，子软弱也。怀子，而前已产子死⑩，则谓所怀不活，名之曰怀。其意以为，已产之子死，故感伤之子失其性矣。所产子死，所怀子凶者，字乳亟数⑪，气薄不能成也。虽成人形体，则易感伤，独先疾病，病独不治。

百岁之命，是其正也。不能满百者，虽非正，犹为命也。譬犹人形一丈，正形也。名男子为丈夫，尊公妪为丈人。不满丈者，失其正也。虽失其正，犹乃为形也。夫形不可以不满丈之故，谓之非形，犹命不可以不满百之故，谓之非命也。非天有长短之命，而人各有禀受也。由此言之，人受气命于天，卒与不卒，同也。语曰：『图王不成[12]，其弊可以霸[13]。』霸者，王之弊也。霸本当至于王，犹寿当至于百也。不能成王，退而为霸；不能至百，消而为夭。王霸同一业，优劣异名；寿夭或一气，长短殊数。

何以知不满百为夭者？百岁之命也，以其形体小大长短同一等也。百岁之身，五十之体，无以异也。身体不异，血气不殊。鸟兽与人异形，故其年寿与人殊数。何以明人年以百为寿也？世间有矣。儒者说曰：太平之时，人民侗长[14]，百岁左右，气和之所生也[15]。《尧典》曰：『朕在位七十载。』求禅得舜，舜征三十岁在位。尧退而老，八岁而终，至殂落九十八岁[16]。未在位之时，必已成人，今计数百有余矣。又曰：『舜生三十，征用三十，在位五十载，陟方乃死[17]。适百岁矣。』文王谓武王曰：『我百，尔九十，吾与尔三焉。』文王九十七而薨，武王九十三而崩。周公，武王之弟也，兄弟相差不过十年。武王崩，周公居摄七年[18]，复政退老，出入百岁矣[19]。邵公[20]，周公之兄也，至康王之时[21]，尚为太保[22]，出入百有余岁矣。圣人禀和气[23]，故年命得正数[24]。气和为治平[25]，故太平之世多长寿人。百岁之寿，盖人年之正数也，犹物至秋而死，物命之正期也，物先秋后秋，则亦如人死或增百岁或减百也。先秋后秋为期，增百减百为数。物或出地而死，犹人始生而夭也。物或逾秋不死，亦如人年多度百至于三百也。传称老子二百余岁，邵公百八十。高宗享国百年[26]，周穆王享国百年[27]，并未享国之时，皆出百三十、四十岁矣。

【注释】

①当：方，值。触：接触，遭受。值：逢，遇。②兵、烧、压、溺：指被兵器杀死，火烧死，土压死，水淹死。

③不：疑作必。卒：尽。④劣：弱。指人气短力绌。⑤为：造，形成。人有为儿：有的婴儿出生了。⑥充：满，足。此处指充满整个果实或婴儿身体。⑦嘶喝：声音沙哑。湿下：此处指声音低小。⑧字：怀孕，生育。⑨数：频繁，多。乳：生育。⑩而：如果。⑪亟：屡次，多。⑫王：王业。指像夏禹、商汤、周文王、武王所建立的功业。⑬弊：败。此处是退一步、次一等的意思。霸：霸业。指像齐桓公等『五霸』所建立的功业。汉代一般认为『王业』比『霸业』高一等。⑭侗长：高大。⑮气：此处指阴阳之气。⑯殂落：死亡。⑰陟方：帝王到各地巡游。传说舜到南方巡游时死去。⑱居摄：代理未成年君主执政。⑲出入：特指呼吸。此处是活的意思。⑳邵公：即召公、召康王。周文王的儿子姬奭。㉑康王：周康王，成王之子姬钊。㉒太保：官名，西周设置，职务是负责辅导君主。㉓和气：王充指的是阴气、阳气协调和谐之气，他认为承受了这种气就可以长寿。但有时他又认为这种气具有道德属性，『圣人』就是承受过这种气的。㉔正数：正常寿限，指一百岁。㉕治平：社会安定，天下太平。㉖高宗：商朝国君武丁，死后被祀为高宗。从公元前1254年起在位五十九年。享国：享有其国，指帝王在位。㉗周穆王：姓姬，名满。西周国君，在位五十五年。

无形篇

人禀元气于天，各受寿夭之命，以立长短之形，犹陶者用土为簋廉①，冶者用铜为柈杅矣②，器形已成，不可小大；人体已定，不可减增。用气为性，性成命定。体气与形骸相抱，生死与期节相须。形不可变化，命不可减加。以陶冶言之，人命短长，可得论也。

或难曰③：『陶者用埴为簋廉，簋廉壹成，遂至毁败，不可复变。若夫冶者用铜为柈杅，柈杅虽已成器，犹可复烁，柈可得为尊④，尊不可为簋。人禀气于天，虽各受寿夭之命，立以形体，如得善道神药⑤，形可变化，命可加增。』

曰：冶者变更成器，须先以火燔烁，乃可大小短长。人冀延年，欲比于铜器，宜有若炉炭之化，乃易形；形易，寿亦可增。人何由变易其形，便如火烁铜器乎？《礼》曰：『水潦降[6]，不献鱼鳖。』何则？雨水暴下，虫蛇变化，化为鱼鳖。离本真暂变之虫，臣子谨慎，故不敢献。人愿身之变，冀若虫蛇之化乎？夫虫蛇未化者，不若不化者。虫蛇未化，人不食也；化为鱼鳖，人则食之。食则寿命乃短，非所冀也。岁月推移，气变物类，虾蟆为鹑[7]，雀为蚖蛤[8]。人愿身之变，冀若鹑与蚖蛤鱼鳖之类也？人设捕蚖蛤，得者食之，虽身之不化，寿命不得长，非所冀也。鲁公牛哀寝疾七日[9]，变而成虎。鲧殛羽山[10]，化为黄能。愿身变者，冀牛哀之为虎，鲧之为能乎？则夫虎，能之寿，不能过人。天地之性，人最为贵。变人之形，更为禽兽，非所冀也。凡可冀者，以老翁变为婴儿，其次，白发复黑，齿落复生，身气丁强[11]，超乘不衰，乃可贵也。徒变其形，寿命不延，其何益哉？

且物之变随气，若应政治，有所象为。非天所欲寿长之故，变易其形也，又非得神草珍药食之而变化也。人恒服药固寿，能增加本性，益其身年也。遭时变化，非天之正气，人所受之真性也，天地不变，日月不易，星辰不没，正也。人受正气，故体不变。时或男化为女，女化为男，由高岸为谷，深谷为陵也，应政为变。为政变，非常性也。汉兴，老父授张良书[12]，已化为石[13]，是以石之精为汉兴之瑞也；犹河精为人持璧与秦使者，秦亡之征也。蚕食桑老，绩而为茧[14]，茧又化而为娥[15]，娥有两翼，变去蚕形。蛴螬化为复育[16]，复育转而为蝉，蝉生两翼，不类蛴螬。凡诸命蠕蜚之类。多变其形，易其体。至人独不变者，禀得正也。生为婴儿，长为丈夫，老为父翁，从生至死，未尝变更者，天性然也。天性不变者，不可令复变；变者，不可不变。若夫变者之寿，不若不变者。人欲变其形，辄增益其年[17]，可也。如徒变其形而年不增，则蝉之类也，何谓人愿之？龙之为虫，一存一亡[18]，一短一长，龙之为性也，变化斯须[19]，辄复非常。由此言之，人，物也，受不变之形，不可变更，年不可增减。

传称高宗有桑谷之异[20]，悔过反政，享福百年，是虚也。传言宋景公出三善言[21]，荧惑却三舍[22]，延年二十一载，是又虚也。又言秦缪公有明德㉓，上帝赐之十九年，是又虚也。称赤松、王乔好道为仙，度世不死，是又虚也。假令人生立形谓之甲，终老至死，常守甲形。如好道为仙，未有使甲变为乙者也。夫形不可变更，年不可减增。何则？形、气、性，天也。形为春，气为夏㉔。人以气为寿，形随气而动。气性不均，则于体不同。牛寿半马，马寿半人，然则牛马之形与人异矣。禀牛马之形，当自得牛马之寿，牛马之不变为人，则年寿亦短于人。世称高宗之徒㉕，不言其身形变异，而徒言其增延年寿，故有信矣

形之血气也，犹囊之贮粟米也。一石㉖，囊之高大亦适一石。如损益粟米，囊亦增减。人以气为寿，气犹粟米，形犹囊也，增减其寿，亦当增减其身，形安得如故？如以人形与囊异，气与粟米殊，更以苞瓜喻之㉗。苞瓜之汁，犹人之血也；其肌，犹肉也。试令人损益苞瓜的汁，令其形如故，耐为之乎㉘？人不耐损益苞瓜之汁，天安耐增减人之年？人年不可增减，高宗之徒谁益之者，而云增加？如言高宗之徒，形体变易，其年亦增，乃可信也。今言年增，不言其体变，未可信也。何则？人禀气于天，气成而形立，则命相须以至终死。形不可变化，年亦不可增加。以何验之？人生能行，死则僵仆，死则气减，形消而坏。禀生人，形不可得变，其年安可增？人生至老，身变者，发与肤也。人少则发黑，老则发白，白久则黄。发之变，形非变也。人少则肤白，老则肤黑，黑久则黯㉙，若有垢矣。发黄而肤为垢，故《礼》曰『黄耇无疆㉚。』发变异，故人老寿迟死，骨肉不可变更，寿极则死矣。五行之物㉛，可变改者，唯土也。埏以为马㉜，变以为人，是谓未入陶灶更火者也。如使成器，入灶更火，牢坚不可复变。今人以为天地所陶冶矣㉝，形已成定，何可复更也？

图仙人之形，体生毛，臂变为翼，行于云，则年增矣，千岁不死。此虚图也。世有虚语，亦有虚图。假使之然，蝉娥之类㉞，非真正人也。海外三十五国，有毛民、羽民，羽则翼矣。毛羽之民土形所出，非言为道身生毛羽也。禹、益见西王母㉟，不言有毛羽。不死之民，亦在外国，不言有毛羽。毛羽之民，不言不死；不死之民，不言毛羽。毛羽

未可以效不死，仙人之有翼，安足以验长寿乎？

【注释】

①土：疑『埴』的坏字。埴：黏土。簋：旧时装食物的器皿。庑：通采，旧时装酒的陶器。②牠：通盘，盘子。
䀛：同盂，盛水的器皿。③难：驳斥。④尊：旧时的酒具。⑤善道：指所谓可以使人延年益寿，长生不老的道术。
神药：指仙丹。⑥潦：大雨。⑦虾蟆：蛤蟆。鹑：鸟名，即鹌鹑。⑧雀：麻雀的别称。阬：大蚌。蛤：蛤蜊。⑨公
牛哀：姓公牛，名哀，春秋时鲁国人。⑩鲧：传说是禹之父。居于崇，号崇伯。奉尧命治水，以筑堤防水九年未平，
被舜杀于羽山（位于今山东郯城东北）。神话说他神化为黄能（一种类似熊的兽）。殛：诛杀。羽山：旧时山名，
传说位于今山东省郯城东北。⑪丁：健壮。强：强健，有力。⑫老父：老头。张良（？—公元前186年）：字子房，
传为城父（位于今安徽省亳县东南）人。汉初大臣。其祖与父是韩国贵族，秦灭韩，张良结交刺客，刺杀秦始皇未
遂。传说他逃至下邳（位于今江苏睢宁北），遇黄石公，得《太公兵法》。后参加秦末农民起义，是刘邦的主要谋士。
汉朝建立，封为留侯。事参见《史记·留侯世家》。⑬已：随后，不久。化为石：传说黄石公是块石头变的，后来
又复原为石头。⑭绩：把麻搓成线。此处指吐丝。⑮娥：通蛾。⑯蛴螬：金龟子的幼虫。复育：蝉的幼虫。⑰辄：总是，
就。⑱一：时而。⑲斯须：一会儿。⑳高宗：指商朝君主武丁。並：木名，构树，又名楮树。㉑宋景公：名头曼。春
秋末宋国君主，公元前516—前451年在位。㉒荧惑：即火星。由于火星呈红色，荧荧像火。在天空中运行，时而
从西向东，时而从东向西，情况复杂，令人迷惑，故称为荧惑。却：退避，移开。㉓秦缪公：即秦穆公（？—公元
前621年），名任好。春秋时秦国国君，五霸之一，公元前659—前621年在位。㉔形为春，气为夏：『形』是外表，
『气』是动因。春天使植物萌芽，具备外形，夏天由『气』作动因，促使植物发育成长。㉕高宗之徒：指殷高宗、

宋景公、秦穆公一类人。㉖石：容量单位，十斗为一石。㉗瓟瓜：即匏瓜，俗称瓢葫芦，是葫芦的一个变种。㉘耐：通能。㉙黯：深黑。此处是指皮肤干枯，不光润。㉚黄：指人老头发变黄。耇：指老人脸色暗黑。黄耇：九十岁，泛指年老。㉛五行：木、火、土、金、水。㉜埏：揉和（黏土）。㉝以：通已，已经。㉞娥：疑为蛾之误。㉟西王母：神话中的女神。旧时中西交通传闻中，往往以为在西方绝远处有西王母之邦。

率性篇

论人之性，定有善有恶。其善者，固自善矣；其恶者，故可教告率勉，使之为善。凡人君父，审观臣子之性，善则养育劝率，无令近恶；近恶则辅保禁防，令渐于善①。善渐于恶，恶化于善，成为性行②。

召公戒成曰：『今王初服厥命，呜呼③！若生子，罔不在厥初生④。』『生子』谓十五子⑤，初生意于善，终以善；初生意于恶，终以恶。《诗》曰：『彼姝者子⑥，何以与之？』传言：『譬犹练丝⑦，染之蓝则青，染之丹则赤。』十五之子其犹丝也，其有所渐化为善恶，犹蓝丹之染练丝，使之为青赤也。青赤一成，真色无异。是故杨子哭歧道⑧，墨子哭练丝也，盖伤离本，不可复变也。人之性，善可变为恶，恶可变为善，犹此类也。蓬生生麻间⑨，不扶自直；白纱入缁⑩，不练自黑⑪。彼蓬之性不直，纱之质不黑，麻扶缁染，使之直黑。夫人之性犹蓬纱也，在所渐染而善恶变矣。

王良、造父称为善御，不能使不良为良也。如徒能御良，其不良者不能驯服，此则驵工庸师服驯技能⑫，何奇而世称之？故曰：王良登车，马不罢驽⑬；尧舜为政，民无狂愚。传曰：『尧舜之民，可比屋而封；桀纣之民，可比屋而诛。』『斯民也，三代所以直道而行也。』圣主之民如彼，恶主之民如此，竟在化不在性也。闻伯夷之风者，贪夫廉而懦夫有立志；闻柳下惠之风者，薄夫敦而鄙夫宽⑭。徒闻风名，犹或变节，况亲接形，面相敦告乎⑮！孔门弟子七十之徒，皆任卿相之用⑯，被服圣教⑰，文才雕琢，知能十倍，教训之功而渐渍之力也。未入孔子之门时，闾巷常庸无奇。

其尤甚不率者，唯子路也。世称子路无恒之庸人[18]，未入孔门时，戴鸡佩豚[19]，勇猛无礼。闻诵读之声，摇鸡奋豚，扬唇吻之音[20]，聒贤圣之耳[21]，恶至甚矣。孔子引而教之，渐渍磨砺，闿导牖进，猛气消损，骄节屈折[22]，卒能政事，序在四科[23]。斯盖变性使恶为善之明效也。

夫肥沃垅埆[24]，土地之本性也。肥而沃者性美，树稼丰茂。垅而埆者性恶[25]，深耕细锄，厚加粪壤，勉致人功，以助地力，其树稼与彼肥沃者相似类也。地之高下，亦如此焉。以䦆、锸凿地[26]，以埤增下[27]，则其下与高者齐。如复增䦆、锸，则夫下者不徒齐者也，反更为高，而其高者反为下。使人之性有善有恶，彼地有高有下，勉致其教令，之善则将善者同之矣。善以化渥，酿其教令，变更为善，善则且更宜反过于往善，犹下地增加䦆、锸，更崇于高地也。『赐不受命而货殖焉』。赐本不受天之富命，所加货财积聚，为世富人者，得货殖之术也[28]。夫得其术，虽不受命，犹自益饶富。性恶之人，亦不禀天善性，得圣人之教，志行变化。世称利剑有千金之价。棠溪、鱼肠之属[29]，龙泉、太阿之辈[30]，其本铤[31]，山中之恒铁也，冶工锻炼，成为铦利，岂利剑之锻与炼乃异质哉？工良师巧，炼一数至也[32]。试取东下直一金之剑，更熟锻炼，足其火，齐其铦[33]，犹千金之剑也。夫铁石天然，尚为锻炼者变易故质，况人含五常之性，贤圣未之熟锻炼耳，奚患性之不善哉！古贵良医者，能知笃剧之病所从生起[34]，而以针药治而已之。如徒知病之名而坐观之，何以为奇？夫人有不善，则乃性命之疾也，无其教治而欲令变更，岂不难哉！

天道有真伪，真者固自与天相应，伪者人加知巧，亦与真者无以异也，何以验之？《禹贡》曰『璆琳琅玕』者，此则土地所生，真玉珠也。然而道人消烁五石[35]，作五色之玉，比之真玉，光不殊别；兼鱼蚌之珠，与《禹贡》琲琳，皆真玉珠也。然而随侯以药作珠[36]，精耀如真，道士之教至[37]，知巧之意加也[38]。阳遂取火于天，五月丙午日中之时[39]，消炼五石铸以为器[40]，磨砺生光，仰以向日，则火来至，比真取火之道也。今妄以刀剑之钩月，摩拭朗白，仰以向日，亦得火焉。夫钩月非阳遂也，所以耐取火者[41]，摩拭之所致也。今夫性恶之人，使与性善者同类乎？可率勉之，令其为善；使之异类乎？亦可令与道人之所铸玉，随侯之所作珠，人之所摩刀剑钩月焉，教导以学，渐渍以德，亦将日有仁义之操。

黄帝与炎帝争为天子[42]，教熊、罴、貔、虎以战于阪泉之野[43]，三战得志，炎帝败绩。尧以天下让舜，鲧为诸侯，欲得三公[44]，而尧不听，怒其猛兽，欲以为乱，比兽之角可以为城，举尾以为旌[45]，奋心盛气，阳战为强[46]。夫禽兽与人殊形，犹可命战，况人同类乎！推此以论，百兽率舞[47]，潭鱼出听，六马仰秣[48]，不复疑矣。异类以殊为同，同类以钧为异[49]，所由不在于物[50]，在于人也。

凡含血气者，教之所以异化也。三苗之民[51]，或贤或不肖，尧舜齐之[52]，恩教加也。楚越之人，处庄、岳之间[53]，经历岁月，变为舒缓，风俗移也。故曰：齐舒缓，秦慢易，楚促急，燕戆投[54]。以庄、岳言之，四国之民，更相出入，久居单处，性必变易。夫性恶者，心比木石，木石犹为人用，况非木石！在君子之迹，庶几可见。

有痴狂之疾，歌啼于路，不晓东西，不睹燥湿，不觉疾病，不知饥饱，性已毁伤，不可如何，前无所观[55]，却无所畏也。是故王法不废学校之官[56]，不除狱理之吏[57]，欲令凡众见礼义之教。学校勉其前，法禁防其后，使丹朱之志亦将可勉。何以验之？三军之士[58]，非能制也，勇将率勉，视死如归。且阖庐尝试其士于五湖之侧[59]，皆加刃于肩，血流至地。句践亦试其士于寝宫之庭[60]，赴火死者不可胜数。夫刃，火非人性之所贪也，二主激率，念不顾生[61]。是故军之法轻刺血，孟贲勇也，闻军令惧。是故叔孙通制定礼仪[62]，拔剑争功之臣，奉礼拜伏，初骄倨而后逊顺，教威德，变易性也。不患性恶，患其不服圣教，自遇而以生祸也。

豆麦之种与稻粱殊，然食能去饥。小人君子禀性异类乎？譬诸五谷皆为用，实不异而效殊者，禀气有厚泊，故性有善恶也。残则授不仁之气泊，而怒则禀勇渥也。仁泊则戾而少愈[63]，勇渥则猛而无义，而又和气不足，喜怒失时，计虑轻愚。妄行之人，罪故为恶，人受五常，含五脏，皆具于身，禀之泊少，故其操行不及善人，犹或厚或泊也，非厚与泊殊其酿也，曲蘖多少使之然也。是故酒之泊厚，同一曲蘖；人之善恶，共一元气。气有少多，故性有贤愚。西门豹急[64]，佩韦以自缓[65]；董安于缓[66]，带弦以自促。急之与缓，俱失中和，然而韦弦附身，成为完具之人。能纳韦弦之教，补接不足，则豹、安于之名可得参也。贫劣宅屋，不具墙壁宇达[67]，人指訾之。如财货富愈。起屋筑墙，以自蔽鄣[68]，为之具宅，人弗复非。

魏之行田百亩，邺独二百，西门豹灌以漳水[69]，成为膏腴[70]，则亩收一钟[71]。夫人之质犹邺田，道教犹漳水也，患不能化，不患人性之难率也。雒阳城中之道无水[72]，水工激上洛中之水[73]，日夜驰流，水工之功也。由此言之，迫近君子，而仁义之道数加于身，孟母之徙宅[74]，盖得其验。人间之水污浊，在野外者清洁。俱为一水，源从天涯，或浊或清，所在之势使之然也。南越王赵他[75]，本汉贤人也，化南夷之俗，背畔王制，椎髻箕坐[76]，好之若性。陆贾说以汉德[77]，惧以圣威，蹶然起坐[78]，心觉改悔，奉制称蕃[79]。其于椎髻箕坐也，恶之若性。前则若彼，后则若此。由此言之，亦在于教，不独在性也。

【注释】

①渐：浸染。此处指逐渐变化。②性：本性，天性。此处是天生的意思。③呜呼：感叹词。④罔：无，没有。⑤十五子：旧礼规定，君主十二岁行冠礼，十五岁生孩子。生子谓十五子：此处的『生子』是指刚开始独立生活的十五岁的君主。⑥姝：美好。子：人。⑦练丝：洁白的丝。⑧杨子：杨朱，战国时魏国人，战国初哲学家。又称：阳子居，阳生。相传他反对墨子的『兼爱』和儒家的伦理思想，主张『贵生』『重己』『全性葆真，不以物累形』，重视个人生命的保存，反对别人对自己的侵夺，也反对侵夺别人。⑨蓬：草名，即飞蓬，一种容易倒伏的草本植物。生：

疑重出。⑩纱：轻薄的丝织物。⑪练：此处是染的意思。⑫驵：粗。驵工庸师：此处指一般的马夫。服驯：使马顺服。⑬罢：通疲。驽：劣马，跑不快的马。⑭柳下惠：姓展，名获，字禽。春秋时鲁国大夫，食邑在柳下，谥号惠。以善于讲究贵族礼节著称。⑮敦：诚恳地。⑯用：才能。⑰被服：蒙受。⑱子路：即仲由（前542—前480年），春秋末年鲁国卞（位于今山东泗水东）人，孔子得意门生之一，以政事见称。⑲鸡：指似雄鸡头式的帽子。豚：猪。此处指似公猪尾巴式的东西。⑳杨：此处是噘起的意思。吻：嘴唇。㉑聒：嘈杂，刺耳。㉒节：事。屈：屈服。折：折服。㉓序：排定秩序。此处是列入的意思。四科：孔子把他的得意学生，按其特长，分为『德行』『言语』『政事』『文学』四类。以后儒家评论人物皆按此分类，叫作四科。序在四科：指子路被列入『政事』之中。㉔沃：灌，浇。佺：土地瘠薄。埆：土地不平而贫瘠。㉕垗：土地不平。㉖䦆：大锄。锸：铁锹。㉗埤：矮墙。此处指高处的土地。㉘在前面《命禄篇》中，王充认为『命』是不能改变的，端木赐『转货致富』是命定的，而不是因为他『术善学明』。此处又说他未受天命而是『得货殖之术』致富。前后关于『命』的观点有矛盾。㉙棠溪：即堂溪，旧时地名。位于今河南省西平县西。以出铜铁，铸造利剑著称。㉚龙泉、太阿：古时二种名贵宝剑。㉛铤：未经冶铸的铜铁。㉜一：专心。㉝铦：锋利。㉞笃剧：病危。㉟消烁：熔化。㊱随侯：指周代汉水东岸姬姓随国的一个君主。㊲教：法术。㊳意：意义，含义。加：超过。㊴五月：复历五月，古人认为是一年中阳气最盛的时节。丙午：古人用天干（甲、乙……壬、癸）与地支（子、丑……戌、亥）相配纪日。今人记日说，五月某日；古人记日则说，五月丙午日。按阴阳五行说，丙和午都属火，故认为『五月丙午』这天是一年中阳气火气最旺盛的日子。㊵消炼：熔化。㊶耐：通能。㊷黄帝：传说是中原各族的共同祖先。姬姓，号轩辕氏，有熊氏，以云为官。少典之子。炎帝：传说是上古姜姓部族首领。㊸罴：兽名，熊的一种。貔：古籍中的一种猛兽。㊹三公：周代三公有两说：一说司马、司徒、司空，一说太师、太傅、太保。西汉以丞相（大司徒）、太尉（大司马）、御史大夫（大司空）合称三公。东汉以太尉、司徒、司空合称三公。为共同负责军政的最高长官。㊺旌：古时竿头缀旄牛尾，下有五彩析羽的旗子。用以指挥或开道。以后作为旗子的通称。㊻阳：仗恃。为：助。㊼率：一概，一律。㊽秣：马料。此处是马吃料的意思。㊾钧：通均。㊿所由：古时办事必经胥吏和差役之手，所以称他们为所由。此处是关键的意思。(51)三苗：亦称有苗、苗民，传说是古时南方的一个部族。(52)齐之：使他们变得整齐。此处指使不贤变贤。(53)庄、岳：齐国国都临淄城里的两条街。(54)戆：愚而刚直。投：借为『佛』。(55)观：通劝，劝勉，鼓励。(56)学校：汉时郡国曰学，县、道、邑、侯国曰校。(57)狱理之吏：管理牢狱的官吏。此处指司法的官吏。(58)三军：先秦时各国多设中、上、下（如晋国），或中、左、右（如楚国）三军。此处泛指军队。(59)阖庐（？—公元前496年）：一作阖闾。名光，春秋末年吴国君主。公元前514—前496年在位。试：试验。此处是训练的意思。五湖：太湖的别名。(60)句践（？—公元前465年）：春秋末越国君主。公元前497—前465年在位。(61)念：顷刻。(62)叔孙通：姓叔孙，名通，汉初薛县（位于今山东滕县东南）人，曾任秦博士。秦末，先任项羽部属，后归刘邦，为博士，称稷嗣君。汉初根据秦法替汉高祖刘邦制定朝仪，整顿朝廷秩序。(63)戾：凶暴。愈：慈，可从。(64)西门豹：战国魏文侯时邺（位于今河北省临漳县西南邺镇）令。姓西门，名豹。曾破除当地『河伯娶妇』的迷信，开水渠十二家，引漳水灌溉，改良土壤，以发展农业生产。(65)韦：皮带。(66)董安于：春秋时晋国人，晋国大夫赵孟的家臣。(67)宇：屋檐。达：窗户。(68)鄣：同障，遮。(69)漳水：漳河，位于今河北南部。(70)膏腴：指肥沃的土地。(71)钟：旧时容量单位。春秋时齐国的『公量』以六十四斗为一钟。战国时魏、秦等国也兼用这种量器。(72)雒阳：即东汉都城洛阳，位于今河南省洛阳市东北。(73)激：阻遏水势。洛：章录杨校宋本作雒，可从。(74)孟母：指孟轲的母亲。徙：迁移。(75)赵他（？—公元前137年）：又作赵佗，直定（位于今河北省正定县）人，南越国王。(76)椎髻：像椎形的发髻。

箕坐：坐时两腿伸直张开，形似畚箕。[77]陆贾：战国末期楚国人，汉初的政论家、辞赋家。[78]蹶然：急速。[79]藩：属国。

吉验篇

凡人禀贵命于天，必有吉验见于地。见于地，故有天命也。验见非一，或以人物，或以祯祥[1]，或以光气。

传言黄帝妊二十月而生，生而神灵。弱而能言。长大率诸侯，诸侯归之。教熊罴战，以伐炎帝，炎帝败绩。性与人异，故在母之身留多十月；命当为帝，故能教物，物为之使。

尧体就之如日，望之若云。洪水滔天，蛇龙为害，尧使禹治水，驱蛇龙，水治东流，蛇龙潜处。有殊奇之骨，故有诡异之验[2]；有神灵之命，故有验物之效。天命当贵，故从唐侯入嗣帝后之位[3]。

舜未逢尧，鳏在侧陋。瞽瞍与象[4]，谋欲杀之：使之完廪[5]，火燔其下；令之浚井，土掩其上。舜得下廪，不被火灾；穿井旁出，不触土害[6]。尧闻征用，试之于职，官治职修，事无废乱。使入大麓之野，虎狼不搏，蝮蛇不噬[7]，逢烈风疾雨，行不迷惑。夫人欲杀之，不能害；之毒螫之野，禽虫不能伤。卒受帝命，践天子祚[8]。

后稷之时，履大人迹，或言衣帝喾之服，坐息帝喾之处，妊身。怪而弃之隘巷，牛马不敢践之。置之冰上，鸟以翼覆之，庆集其身[9]。母知其神怪，乃收养之。长大佐尧，位至司马[10]。乌孙王号昆莫[11]，匈奴攻杀其父[12]，而昆莫生，弃于野，乌衔肉往食之。单于怪之；以为神而收长。及壮，使兵，数有功，单于乃复以其父之民予昆莫，命令长守于西城。夫后稷不当弃，故牛马不践，鸟以羽翼覆爱其身[13]，昆莫不当死，故乌衔肉就而食之。

北夷橐离国王侍婢有娠[14]，王欲杀之。婢对曰：『有气大如鸡子，从天而下，我故有娠。』后产子，捐于猪溷中[15]，猪以口气嘘之[16]，不死。复徙置马栏中，欲使马借杀之，马复以口气嘘之，不死。王疑以为天子，令其母收取奴畜之[17]，名东明，令牧牛马。东明善射，王恐夺其国也，欲杀之。东明走，南至掩淲水，以弓击水，鱼鳖浮为桥，东明得渡，鱼鳖解散，追兵不得渡。因都王夫余[18]，故北夷有夫余国焉。东明之母初妊时，见气从天下，及生，弃之，猪马以气吁之而生之。长大，王欲杀之，以弓击水，鱼鳖为桥，天命不当死，故有猪马之救；命当都王夫余，故有鱼鳖为桥之助也。

伊尹且生之时，其母梦人谓己曰：『臼出水，疾东走，母顾。』明旦，视臼出水，即东走十里，顾其乡皆为水矣。伊尹命不当没，故其母感梦而走[19]。推此以论，历阳之都，其策命若伊尹之类[20]，必有先时感动在他地之效。

齐襄公之难[21]，桓公为公子，与子纠争立[22]。管仲辅子纠，鲍叔佐桓公。管仲与桓公争，引弓射之，中其带钩。夫人身长七尺，带约其要，钩挂于带，在身所掩不过一寸之内，既微小难中，又滑泽铦靡[23]，锋刃中钩者，莫不蹉跌[24]。管仲射之，正中其钩中，矢触因落[25]，不跌中旁肉。命当富贵，有神灵之助，故有射钩不中之验。

楚共王有五子[26]：子招、子圉、子干、子皙、弃疾[27]。五人皆有宠，共王无适立[28]，乃望祭山川[29]，请神决之。乃与巴姬埋璧于太室之庭[30]，令五子齐而入拜。康王跨之[31]；子圉肘加焉；子干、子皙皆远之；弃疾弱，抱而入，再拜皆压纽。故共王死，招为康王，至子失之。圉为灵王，及身而弑。子干为王，十有余日；子皙不立，又惧诛死，皆绝无后。弃疾后立，竟续楚祀，如其神符。其王日之长短，与拜去璧远近相应也。夫璧在地中，五子不知，相随入拜，远近不同，压纽若神将教跽之矣。

晋屠岸贾作难[32]，诛赵盾之子[33]。朔死[34]，其妻有遗腹子，及岸贾闻之，索于宫，母置儿于裤中，祝曰：『赵氏宗灭乎，若当啼；即不灭，若无声。』及索之而终不啼，遂脱得活。程婴齐负之[35]，匿于山中。至景公时[36]，韩厥言于景公[37]，景公乃与韩厥共立赵孤，续赵氏祀，是为文子[38]。当赵孤之无声，若有掩其口者矣。由此言之，赵文子立，命也。

高皇帝母曰刘媪[39]，尝息大泽之陂[40]，梦与神遇。是时，雷电晦冥，蛟龙在上。及生而有美。性好用酒，尝从王媪、武负贯酒[41]，饮醉，止卧，媪、负见其身常有神怪。每留饮醉，酒售数倍。后行泽中，乎斩大蛇，一妪当道而哭[42]，云："赤帝子杀吾子[43]"。此验既著闻矣。秦始皇帝常曰："东南有天子气。"于是东游以厌当之。高祖之气也，与吕后稳于芒、砀山泽间[44]。吕后与人求之，见其上常有气直起，往求辄得其处。后与项羽约，先入秦关王之。高祖先至，项羽怨恨，范增曰[45]："吾令人望其气，气皆为龙，成五采，此皆天子之气也，急击之。"高祖往谢项羽，羽与亚父谋杀高祖，使项庄拔剑起舞[46]。项伯知之[47]，因与项庄俱起。每剑加高祖之上，项伯辄以身覆高祖之身，剑遂不得下，杀势不得成。会有张良，樊哙之救[48]，卒得免脱，遂王天下。初妊身有蛟龙之神。既生，酒舍见云气之怪。夜行斩蛇，蛇妪悲哭[49]。始皇、吕后望见光气。项羽谋杀，项伯为蔽，谋遂不成，遭得良、哙。盖富贵之验，气见而物应，人助辅援也。

窦太后弟名曰广国[50]，年四五岁，家贫，为人所掠卖，其家不知其所在。传卖十余家[51]，至宜阳[52]，为其主人入山作炭。暮寒，卧炭下，百余人炭崩尽压死，广国独得脱。自卜数日当为侯。从其家之长安[53]，闻窦皇后新立，家在清河观津[54]，乃上书自陈。窦太后言于景帝，召见问其故，果是，乃厚赐之。文帝立，拜广国为章武侯[55]。夫积炭崩，百余人皆死，广国独脱，命当富贵，非徒得活，又封为侯。

虞子大陈留东莞人也[56]，其生时以夜。适免母身，母见其上若一匹练状，经上天[57]。明以问人，人皆曰："吉，贵。"气与天通，长大仕宦，位至司徒公[58]。

广文伯河东蒲坂人也[59]，其生亦以夜半时。适生，有人从门呼其父名。父出应之，不见人，有一木杖植其门侧，好善异于众。其父持杖入门以示人，人占曰："吉。"文伯长大学宦，位至广汉太守[60]。文伯当富贵，故父得赐杖。其占者若曰："杖当子力矣。"

光武帝[61]，建平元年十二月甲子生于济阳宫后殿第二内中[62]，皇考为济阳令[63]，时夜无火，室内自明。皇考怪之，即召功曹吏充兰，使出问卜工[64]。兰与马下卒苏永俱之卜王长孙所[65]。长孙卜，谓永、兰曰：『此吉事也，毋多言。』是岁，有禾生景天备火中，三本一茎九穗，长于禾一二尺，盖嘉禾也。元帝之初，有凤凰下济阳宫，故今济阳宫有凤凰庐。始与李父等俱起[66]，到柴界中[67]，遇贼兵，惶惑走济阳旧庐。比到[68]，见光若火正赤，在旧庐道南，光耀憧憧上属天[69]，有顷不见。王莽时[70]，谒者苏伯阿能望气[71]，使过春陵，城郭郁郁葱葱。及光武到河北，与伯阿见，问曰：『卿前过春陵，何用知其气佳也？』伯阿对曰：『见其郁郁葱葱耳。』盖天命当兴，圣王当出，前后气验，照察明著。继体守文，因据前基，禀天光气，验不足言。创业龙兴，由微贱起于颠沛若高祖、光武者，曷尝无天人神怪光显之验乎！

【注释】

①祯：吉祥。②诡异之验：指上文的『就之如日』『望之若云』等征兆。③唐：旧时地名。侯：诸侯。后：天子，君主。④瞽瞍：传说是舜的父亲。⑤枓：贮藏米的库房。⑥触：蒙受。⑦蝮蛇：别称『草上飞』『土公蛇』，是一种毒蛇。⑧践：升，登。祚：君位，皇位。⑨庆：疑『麇』形近而误。麇：通群，成群地。⑩司马：官名。其职务是掌管军政和后勤。西周开始设置，春秋、战国沿用，西汉置『大司马』，后世用作兵部尚书的别称。尧时根本没有司马之官，是后人妄以『周官』作比，汉儒未深究而信之，所以王充也据以为说。⑪乌孙：古时族名。最初在祁连、敦煌之间。汉文帝后元三年（公元前161年）左右西迁到现今的新疆的伊犁河和伊塞克湖一带，首都设在赤谷城。⑫匈奴：古时族名，又称胡。⑬爰：隐藏。⑭此夷：我国古时对北方各民族的泛称。橐离国：汉代北方民族建立的一个国家。⑮猪溷：猪圈。⑯嘘：缓慢地出气。⑰畜：留养。⑱夫余：古时族名，又称扶余，凫臾。⑲走：离去。⑳策命：君主封后妃、侯、王、将相、大臣的命令。㉑齐襄公：春秋时齐国君主。公元前697—前686年在位。后被其堂兄弟杀死。

㉒子纠：公子纠，齐襄公之弟，齐桓公之兄，曾经与桓公争君位。失败后，奔鲁，不久被鲁君杀于笙渎。㉓靡：细腻。㉔蹉跌：失足跌倒。比喻差错，失误。此处指从带钩上滑到旁边去。㉕固：随着。㉖楚共王：春秋时楚国君主，公元前590—前560年在位。㉗子招：又作子昭，即楚康王。公元前559—前545年在位。子围：即楚灵王。公元前540—前529年在位。子干：又称子比。灵王死后，被立为王，很快被其弟弃疾逼迫自杀。子皙：曾任楚国令尹，后被其弟弃疾逼迫自杀。弃疾：名居，即楚平王。公元前528—前516年在位。㉘適：通嫡，正统，正宗的继承人。㉙望：古时祭名。指对山川之祭。㉚巴姬：楚共王的宠妾。璧：玉器名。平而圆，中央有孔，边比孔大一倍。太室：太庙的中室。㉛康王：即子招。㉜屠岸贾：春秋时晋国大夫。晋灵公时受宠，景公时为司寇，作乱，擅领诸将在下宫杀了赵盾全家。作难：作乱。㉝赵盾：春秋时晋灵公的大夫。㉞朔：赵朔，赵盾之子，晋成公的姐夫。㉟程婴：春秋时晋国人，赵朔的好友。㊱景公：晋景公，春秋时晋国君主。公元前599—前581年在位。㊲韩厥：即韩献子。春秋时晋国大夫，景公时官至司马，后为卿。㊳文子：赵文子，赵朔之子赵武，死后谥号『文』。㊴高皇帝：指刘邦。媪：对老妇人的敬称。㊵陂：岸。㊶贳：赊欠。㊷妪：老妇。㊸赤帝：中国古时神话中的五位天帝之一。㊹芒、砀：两座山名，都位于河南省永城县东北。砀山北八里是芒山。㊺范增（公元前277—前204年）：项羽的主要谋士，被尊为亚父，他屡劝项羽杀刘邦，项羽不听。后项羽中刘邦的反间计，削其权力，愤而离去，途中病死。㊻项庄：项羽的部下。㊼项伯（？—公元前192年）：名缠，字伯。秦末下相（位于今江苏省宿迁县西南）人。楚国贵族出身。项羽的叔父。因与刘邦的谋士张良是好友，曾经多次帮刘邦脱险。西汉建立后，赐姓刘，封射阳侯。㊽樊哙（？—公元前189年）：秦末沛县（位于今江苏）人。㊾蛇妪：即上文『当道而哭』的老妪。传说她是西方白帝之妻，刘邦砍杀的蛇是她儿子变的，故此处称为蛇妪。㊿窦太后（？—公元前135年）：西汉文帝皇后。清河观津（位于今河北衡水东）人。

吕后时，为代王（文帝）姬。代王为皇帝，被立为后。景帝继位，尊为皇太后。好黄老之学。(51)传：转。(52)宜阳：县名，位于今河南省宜阳县西。(53)长安：西汉都城，位于今陕西西安市西北。(54)清河：郡名，位于今河北东南，山东西北部。(55)章武：县名，在位于今河北沧州市东。(56)虞子大：虞延。汉光武帝刘秀时任司徒。陈留：郡名，位于今河南省东北部。(57)经：径直。(58)司徒公：三公之一，东汉时丞相称司徒。(59)广文伯：人名。河东：郡名，位于今山西西南部。蒲坂，县名，位于今山西省永济县西。(60)广汉：郡名，位于今四川省北部。(61)光武帝（公元前6年—公元57年）：即刘秀，字文叔，南阳蔡阳（位于今湖北省枣阳县西南）人。汉高祖九世孙，东汉建立者。公元25—57年在位。(62)建平：西汉哀帝年号。建平元年：公元前6年。(63)皇考：宋以前对死去父亲的尊称。此处指刘秀的父亲刘钦。济阳：县名，位于今河南省兰考县东北。令：县的行政长官。汉制，万户以上县的长官称『令』，万户以下称『长』。(64)卜工：以占卜为业者。(65)马下率：县令出行时充当护卫和开道的士兵。(66)李公：指曾和刘秀一同起兵反王莽的李通、李轶兄弟。(67)柴界：地名，不详。(68)比：等到。(69)憧憧：摇曳不定的样子。属：连接。(70)王莽（公元前45—公元23年）：字巨君。汉元帝皇后的侄儿。新朝建立者。公元8—23年在位。后汉宗室刘玄兵入长安，王莽登渐台，被商人杜吴所杀。(71)谒者：官名。开始于春秋，为国君掌管传达。汉制郎中令属官有谒者，少府属官有中书谒者令（后改称中谒者令）。谒者掌傧赞受事，其长官称谒者仆射。望气：古时方士的一种占术，以望云气来预测吉凶。

偶会篇

命，吉凶之主也。自然之道，适偶之数，非有他气旁物厌胜感动使之然也①。

世谓子胥伏剑，屈原自沉，子兰、宰嚭诬谗②，吴、楚之君冤杀之也。偶二子命当绝，子兰、宰嚭适为谗，而怀王、夫差适信奸也。君适不明，臣适为谗，二子之命偶自不长。二偶三合，似若有之，其实自然，非他为也。夏、殷之朝适穷，桀、纣之恶适稔[3]；商、周之数适起，汤、武之德适丰。关龙逢杀[4]，箕子、比干囚死，当桀、纣恶盛之时，亦二子命讫之期也[5]。任伊尹之言，纳吕望之议，汤、武且兴之会，亦二臣当用之际也。人臣命有吉凶，贤不肖之主与之相逢。文王时当昌，吕望命当贵；高宗治当平[6]，傅说德当遂[7]。非文王、高宗为二臣生，吕望、傅说为两君出也，君明臣贤，光曜相察[8]，上修下治，度数相得[9]。

颜渊死，子曰：『天丧予。』子路死，子曰：『天祝予[10]。』孔子自伤之辞，非实然之道也。孔子命不王，二子寿不长也。不王、不长，所禀不同，度数并放，适相应也。二龙之祆当效[11]，周厉适闿椟[12]，褒姒当丧周国，幽王禀性偶恶[13]。非二龙使厉王发孽[14]，褒姒令幽王愚惑也，遭逢会遇，自相得也。僮谣之语当验[15]，斗鸡之变适生；秵鹆之占当应[16]，鲁昭之恶适成[17]。排僮谣致斗竞，秵鹆招君恶也，期数自至，人行偶合也。尧命当禅舜，丹朱为无道；虞统当传夏，商均行不轨。非舜、禹当得天下能使二子恶也[18]，美恶是非适相逢也。

火星与昴星出入[19]，昴星低时火星出，昴星见时火星伏，非火之性厌服昴也，时偶不并，度转乖也。正月建寅，斗魁破申，非寅建使申破也，转运之衡偶自应也[20]，父殁而子嗣，姑死而妇代，非子妇代代使父姑终殁也，老少年次自相承也。

世谓秋气击杀谷草，谷草不任，凋伤而死。此言失实。夫物以春生夏长，秋而熟老，适自枯死，阴气适盛[21]，与之会遇。何以验之？物有秋不死者，生性未极也[22]。人生百岁而终，物生一岁而死[23]。死谓阴气杀之，人终触何气而亡？论者犹或谓鬼丧之。夫人终鬼来，物死寒至，皆适遭也。人终见鬼，或见鬼而不死；物死触寒，或触寒而不枯。坏屋所压，崩崖所坠，非屋精崖气杀此人也，屋老崖沮[24]，命凶之人，遭居适履[25]。月毁于天[26]，螺消于渊。风从虎，云从龙。同类通气，性相感动。若夫物事相遭，吉凶同时，偶适相遇，非气感也。

杀人者罪至大辟。杀者罪当重，死者命当尽也。故害气下降，囚命先中；圣王德施，厚禄先逢。是故德令降于殿堂㉗，命长之囚出于牢中。天非为囚未当死，使圣王出德令也。圣王适下赦，拘囚适当免死，犹人以夜卧昼起矣。夜月光尽，不可以作，人力亦倦，欲壹休息㉘；昼日光明，人卧亦觉，力亦复足。非天以日作之，以夜息之也，作与日相应，息与夜相得也。

雁鹄集于会稽㉙，去避碣石之寒㉚，来遭民田之毕，蹈履民田，喙食草粮。粮尽食索，春雨适作，避热北去，复之碣石。象耕灵陵㉛，亦如此焉。传曰：『舜葬苍梧㉜，象为之耕；禹葬会稽，鸟为之佃。』失事之实，虚妄之言也。

丈夫有短寿之相，娶必得早寡之妻；早寡之妻，嫁亦遇夭折之夫也。世曰：『男女早死者，夫贼妻，妻害夫。』非相贼害，命自然也。使火燃，以水沃之，可谓水贼火。火适自灭，水适自覆，两名各自败，不为相贼。今男女之早夭，非水沃火之比，适自灭覆之类也。贼父之子，妨兄之弟，与此同召㉝。同宅而处，气相加凌㉞，羸瘠消单，至于死亡，何谓相贼。或客死千里之外，兵烧厌溺，气不相犯，相贼如何？王莽姑姊正君许嫁二夫，二夫死，当适赵而王薨㉟。气未相加，遥贼三家，何其痛也？黄公取邻巫之女，卜谓女相贵，故次公位至丞相。其实不然，次公当贵，行与女会；女亦自尊，故入次公门。偶适然自相遭遇，时也。

无禄之人，商而无盈，农而无播，非其性贼货而命妨谷也，命贫，居无利之货；禄恶，殖不滋之谷也。世谓宅有吉凶，徙有岁月㊱。实事则不然。天道难知，假令有命凶之人，当衰之家，治宅遭得不吉之地，移徙适触岁月之忌。一家犯忌，口以十数，坐而死者㊲，必禄衰命泊之人也。推此以论，仕宦进退迁徙㊳，可复见也。时适当退，君用谗口；时适当起，贤人荐己。故仕且得官也，君子辅善；且失位也，小人毁奇。公伯寮诉子路于季孙，孔子称命。鲁人臧仓谗孟子于平公，孟子言天。道未当行㊴，与谗相遇；天未与己，恶人用口。故孔子称命，不怨公伯寮；孟子言天，不尤臧仓[40]，诚知时命当自然也。推此以论，人君治道功化，可复言也。命当贵，时适平；期当乱，禄遭衰。治乱成败之时，与人兴衰吉凶适相遭遇。因此论圣贤迭起，犹此类也。

圣主龙兴于仓卒，良辅超拔于际会[41]。世谓韩信、张良辅助汉王，故秦灭汉兴，高祖得王。夫高祖命当自王，信、良之辈时当自兴，两相遭遇，若故相求。是故高祖起于丰、沛，丰、沛子弟相多富贵，非天以子弟助高祖也，命相小大适相应也[42]。赵简子废太子伯鲁[43]，立庶子无恤[44]。无恤遭贤命，亦当君赵也。世谓伯鲁不肖，不如无恤。伯鲁命当贱，知虑多泯乱也。韩生仕至太傅[45]，世谓赖倪宽[46]，实谓不然。太傅当贵，遭与倪宽遇也。赵武藏于裤中，终日不啼，非或掩其口，阏其声也；命时当生，睡卧遭出也。故军功之侯必斩兵死之头，富家之商必夺贫室之财。削土免侯，罢退令相，罪法明白，禄秩适极[47]。故厉气所中[48]，必加命短之人；凶岁所著[49]，必饥虚耗之家矣[50]。

【注释】

①厌：通压。压胜：压制。②子兰：战国时楚国令尹，曾经派人在楚顷襄王面前陷害屈原。宰嚭：即帛喜。③稔：庄稼成熟。这里指桀、纣已恶贯满盈。④关龙逄：夏桀的大臣。桀通宵饮酒玩乐，关龙逄以《黄图》进谏，立而不去。桀讨厌他『胡说八道』，于是烧了《黄图》，把他杀了。⑤讫：完毕。⑥高宗：指商君主武丁。治：治期。⑦傅说：传说奴隶出身，曾经作筑墙苦役。⑧曜：通耀，照耀。察：昭著，明显。⑨度数：即数。相得：此处是相互一致的意思。⑩祝：断绝。⑪祆：通妖，指妖象。⑫周厉：周厉王（？—公元前828年），西周君主。姓姬，名胡，夷王之子。在位三十七年。他在位时横征暴敛，激起『国人』暴动，他逃至彘（位于今山西霍县）。共和十四年（前828年）死。闿：打开。椟：木匣。⑬幽王：周幽王（？—公元前771年），西周最后一位君主。姓姬，名宫湦。公元前781—前771年在位。⑭发：放出。发孽：指周厉王打开匣子放走妖孽黑蜥蜴。⑮僮：即童。⑯秈鸹：鸟名，又称『八哥』。

⑰鲁昭：鲁昭公，春秋时鲁国君主。公元前541—前510年在位。⑱能：而。⑲火星：又名荧惑、大火。二十八宿之一。昴星：星名，二十八宿之一。⑳衡：玉衡，北斗七星的第五颗星。此处指北斗。㉑阴气：指秋气，寒气。㉒生性：生命。㉓物：此处指一年生的草本植物。㉔沮：坏。㉕履：踩，踏。㉖毁：亏缺。㉗德令：施恩的命令。此处指赦免令。㉘壹：专一。㉙鹄：天鹅。会稽：会稽山，位于浙江省中部绍兴、茾县、诸暨、东阳之间。㉚碣石：山名，位于今河北省昌黎县北。㉛灵陵：地名，位于今湖南省宁远县东南。象耕灵陵：相传舜死后葬在灵陵的苍梧，由于舜是圣王，天就叫象在他的墓地为他耕田。㉜苍梧：山名，即九嶷山，位于今湖南省宁远县东南。㉝召：招致，造成。㉞加：加上。凌：凌驾。㉟适：出嫁。㊱岁、月：泛指时间。此处指有关时间方面的禁忌。㊲坐：触犯。㊳迁徙：此处指职务调动。㊴道：思想，学说。此处指政治主张。㊵尤：怨恨，归咎。㊶际会：遇合，恰好碰上。㊷大小：好坏。㊸赵简子（？—公元前477年）：赵鞅，又名志父，亦称赵孟，春秋末晋国的卿。在晋卿的内讧中打败范氏、中行氏，其后扩大封地，奠定了建立赵国的基础。伯鲁：赵简子的儿子。㊹庶子：不是正妻生的儿子。无恤（？—公元前425年）：即赵襄子，赵简子的庶子。据说他小时候被认为相好命贵，因而赵简子废掉嫡子伯鲁，立他为太子。后他与韩魏合谋，灭掉晋国，三分其地。㊺韩生：西汉人，事迹不详。太傅：官名。汉时为辅佐皇帝的高官，次于太师。㊻倪宽：西汉武帝时的御史大夫。据说他与韩生是同学，很要好，当御史大夫后便举荐韩生做官。㊼秩：官秩，官职的等级。㊽疠：通疠，瘟疫。㊾凶岁：荒年。著：中。㊿虚耗：空虚耗尽。虚耗之家：此处指命中注定要贫困的人家。

骨相篇

人曰命难知。命甚易知。知之何用？用之骨体。人命禀于天，则有表候于体。察表候以知命，犹察斗斛以知容矣。表候者，骨法之谓也。

传言黄帝龙颜[1]，颛顼戴午[2]，帝喾骈齿，尧眉八采，舜目重瞳，禹耳三漏，汤臂再肘，文王四乳，武王望阳，周公背偻，皋陶马口，孔子反羽[3]。斯十二圣者，皆在帝王之位，或辅主忧世，世所共闻，儒所共说，在经传者，较著可信。

若夫短书俗记[4]，竹帛胤文[5]，非儒者所见，众多非一。苍颉四目[6]，为黄帝史。晋公子重耳仳胁[7]，为诸侯霸。苏秦骨鼻，为六国相。张仪仳胁，亦相秦、魏。项羽重瞳，云虞舜之后[8]，与高祖分王天下[9]。陈平贫而饮食不足[10]，貌体佼好，而众人怪之，曰：『平何食而肥？』及韩信为滕公所鉴[11]，免于俎质[12]，亦以面状有异。面状肥佼，亦一相也。

高祖隆准、龙颜、美须[13]，左股有七十二黑子。单父吕公善相[14]，见高祖状貌，奇之，因以其女妻高祖，吕后是也。卒生孝惠王、鲁元公主。高祖为泗上亭长[15]，当去归之田，与吕后及两子居田。有一老公过，请饮，因相吕后曰：『夫人，天下贵人也。』令相两子。见孝惠曰『夫人所以贵者，乃此男也。』相鲁元，曰：『皆贵。』老公去。高祖从外来，吕后言于高祖。高祖追及老公，止使自相。老公曰：『乡者夫人婴儿相皆似君，君相贵不可言也。』后高祖得天下，如老公言。推此以况，一室之人，皆有富贵之相矣。

类同气钧，性体法相固自相似。异气殊类，亦两相遇。富贵之男娶得富贵之妻，女亦得富贵之男。夫二相不钧而相遇，则有立死；若未相适[16]，有豫亡之祸也[17]。王莽姑正君许嫁，至期当行时，夫辄死。如此者再，乃献之赵王，赵王未取，又薨。清河南宫大有与正君父稚君善者[18]，遇相君，曰：『贵为天下母[19]。』是时，宣帝世[20]，元帝为太子，稚君乃因魏郡都尉纳之太子，[21]，太子幸之，生子君上[22]。宣帝崩，太子立，正君为皇后，君上为太子。元帝崩，太子立，是为成帝，正君为皇太后，竟为天下母。夫正君之相当为天下母，而前所许二家及赵王为无天下父之相[23]，故未行而二夫死，赵王薨。是则二夫、赵王无帝王大命，而正君不当与三家相遇之验也。

丞相黄次公故为阳夏游徼[24]，与善相者同车俱行，见一妇人年十七八。相者指之曰：『此妇人当大富贵，为封侯者夫人。』次公止车，审视之，相者曰：『今此妇人不富贵，卜书不用也。』次公问之，乃其旁里人巫家子也，即娶以为妻。其后，次公果大富贵，位至丞相，封为列侯[25]。夫次公富贵，妇人当配之，故果相遇，遂俱富贵。使次公命贱，不得妇人为偶。不宜为夫妇之时，则有二夫、赵王之祸。

夫举家皆富贵之命，然后乃任富贵之事。骨法形体，有不应者，则必别离死亡，不得久享介福[26]。故富贵之家，役使奴僮，育养牛马，必有与众不同者矣。僮奴则有不死亡之相，牛马则有数字乳之性[27]，田则有种孳速熟之谷[28]，商则有居善疾售之货。是故知命之人，见富贵于贫贱，睹贫贱于富贵。案骨节之法，察皮肤之理，以审人之性命，无不应者。

赵简子使姑布子卿相诸子[29]，莫吉，至翟婢之子无恤[30]，而以为贵。无恤最贤，又有贵相，简子后废太子而立无恤，卒为诸侯，襄子是矣。相工相黥布当先刑而乃王，后竟被刑乃封王。卫青父郑季与杨信公主家僮卫媪通[31]，生青。在建章宫时，钳徒相之[32]，曰：『贵至封侯。』青曰：『人奴之道，得不笞骂足矣[33]，安敢望封侯』！其后青为军吏，战数有功，超封增官，遂为大将军，封为万户侯[34]。

周亚夫未封侯之时，许负相之[35]，曰：『君后三岁而入将相，持国秉[36]，贵重矣，于人臣无两。其后九岁而君饿死。』亚夫笑曰：『臣之兄已代侯矣，有如父卒，子当代，亚夫何说侯乎？然既已贵，如负言，又何说饿死？指示我！』许负指其口，有纵理入口，曰：『此饿死法也[37]。』居三岁，其兄绛侯胜有罪[38]，文帝择绛侯子贤者[39]，推亚夫，乃封条侯，续绛侯后。文帝之后六年[40]，匈奴入边，乃以亚夫为将军。至景帝之时，亚夫为丞相，后以疾免。其子为亚夫买工官、尚方甲盾五百被可以为葬者[41]，取庸苦之，不与钱。庸知其盗买官器，怨而上告其子。景帝下吏责问，因不食五日，呕血而死。

当邓通之幸文帝也，贵在公卿之上，赏赐亿万，与上齐体。相工相之曰：『当贫贱饿死。』文帝崩，景帝立，通有盗铸钱之罪，景帝考验，通亡，寄死人家，不名一钱[42]。韩太傅为诸生时，借相工五十钱，与之俱入璧雍之中[43]，相璧雍弟子谁当贵者。相工指倪宽曰：『彼生当贵，秩至三公。』韩生谢遣相工，通刺倪宽[44]，结胶漆之交，尽筋力之敬，徙舍从宽，深自附纳之。宽尝甚病，韩生养视如仆状，恩深逾于骨肉。后名闻于天下。倪宽位至御史大夫[45]，州郡丞旨召请，擢用举在本朝，遂至太傅。

夫钳徒、许负及相邓通、倪宽之工，可谓知命之工矣。故知命之工，察骨体之证，睹富贵贫贱，犹人见盘盂之器，知所设用也。善器必用贵人，恶器必施贱者；尊鼎不在陪厕之侧[46]，匏瓜不在堂殿之上[47]，明矣。富贵之骨不遇贫贱之苦，贫贱之相不遭富贵之乐，亦犹此也。器之盛物，有斗石之量，犹人爵有高下之差也[48]。器过其量，物溢弃遗；爵过其差，死亡不存。论命者如比之于器，以察骨体之法，则命在于身形，定矣。

非徒富贵贫贱有骨体也，而操行清浊亦有法理。贵贱贫富，命也。操行清浊，性也。非徒命有骨法，性亦有骨法。惟知命有明相，莫知性有骨法，此见命之表证[49]，不见性之符验也[50]。范蠡去越，自齐遗大夫种书曰[51]：『飞鸟尽，良弓藏，狡兔死，走犬烹。越王为人，长颈鸟喙，可与共患难，不可与共荣乐。子何不去？』大夫种不能去，称病不朝，赐剑而死。大梁人尉缭说秦始皇以并天下之计[52]，始皇从其册[53]，与之亢礼[54]，衣服饮食与之齐同。缭曰：『秦王为人，隆准长目，鸷膺豺声[55]，少恩，虎视狼心。居约易以下人，得志亦轻视人。我布衣也，然见我，常身自下我。诚使秦王须得志，天下皆为虏矣。不可与交游。』乃亡去。故范蠡、尉缭见性行之证，而以定处来事之实，实有其效，如其法相。由此言之，性命系于形体，明矣。

以尺书所载[56]，世所共见；准况古今，不闻者必众多非一，皆有其实。禀气于天，立形于地，察在地之形，以知在天之命，莫不得其实也。

有传孔子相澹台子羽、唐举占蔡泽不验之文[57]，此失之不审。何隐匿微妙之表也。相或在内，或在外，或在形体，或在声气。察外者遗其内，在形体者亡其声气。孔子适郑[58]，与弟子相失，孔子独立郑东门。郑人或问子贡曰[59]：『东门有人，其头似尧，其项若皋陶，肩类子产[60]。然自腰以下，不及禹三寸，儡儡若丧家之狗[61]。』子贡以告孔子，孔子欣然笑曰：『形状末也，如丧家狗，然哉！然哉！』夫孔子之相，郑人失其实。郑人不明，法术浅也。孔子之失子羽，唐举惑于蔡泽，犹郑人相孔子，不能具见形状之实也。以貌取人，失于子羽，以言取人，失于宰予也[62]。

【注释】

①龙颜：形容面部眉骨凸出、高鼻，像龙的样子。②颛顼：号高阳氏。传说中上古部族的首领。生于若水，居于帝丘（位于河南濮阳西南）。戴午：据本书《讲瑞篇》『戴角之相，犹戴午也』来看，疑是头上长了类似角的东西，具体情况不详。③羽：通宇，屋檐。反羽：翻过来的屋顶。此处形容头顶中间凹陷，像翻过来的屋顶。④短书：汉代儒家经书用二尺四寸竹简书写，一般书籍用一尺左右长的短竹简书写，所以称短书。记：记载事物的书籍或文章。⑤胤：流传。⑥苍颉：传说黄帝时为左史，曾经创造过文字。长相特殊，身体类象形，有四只眼睛，能辨鸟兽之迹。⑦重耳：即晋文公。仳胁：肋骨长成一片。⑧虞：传说中远古部落的名称，即有虞氏。舜就是该部落的领袖。⑨高祖：汉高祖刘邦。分王天下：楚汉相争时，项羽称西楚霸王，刘邦称汉中王，二人分治天下。⑩陈平（？—公元前178年）：秦末阳武（位于今河南省原阳县东南）人。少时家贫，好黄老之术。刘邦的主要谋士之一。⑪滕公：即夏侯婴，秦末沛县人。与汉高祖交情甚厚，为汉立有殊功，汉初为滕令奉车，所以称滕公。又封汝阴侯。后与大臣共立文帝，

复为太仆。鉴：赏识。⑫偈：斩刀，古代的一种刑具。质：同锧，垫在受刑人身下的木砧。偈质：腰斩的刑具。⑬隆：高。准：鼻子。⑭单父：古时地名，位于今山东省单县。吕公：名文，字叔平，魏国人。⑮泗：泗水，位于今山东省中部。源出山东泗水县东蒙山南麓，四源并发，所以称泗水。古时泗水流经苏北（包括沛县东）入淮河。上：岸边。亭长：古时官名。战国时开始在国与国之间的邻接地方设亭，置亭长，以防御敌人。秦汉时在乡村里每十里设一亭。亭有亭长，其职务是掌治安警卫，兼管停留旅客，治理民事。⑯适：女子出嫁。⑰豫：通预，预先。⑱清河：郡名。位于今河北东南部、山东西北部。南宫大有：姓南宫，名大有。稚君：王稚君，王莽的祖父。⑲天下母：指皇后或皇太后。⑳宣帝：汉宣帝刘询（公元前91—前49年）。公元前74—前49年在位。㉑魏郡：郡名。位于今河北南部、河南北部。都尉：武官名。西汉时职掌一郡的军事。纳：引进。㉒君上：指汉成帝刘骜（公元前52—前7年）。汉元帝太子，公元前32—前7年在位。㉓天下父：指皇帝。㉔阳夏：古时县名。位于今河南省太康县。游徼：汉代乡里管巡察盗贼的小官吏。㉕列侯：爵位名，汉代又称『彻侯』『通侯』。二十等爵位的最高一级。㉖介：大。㉗字乳：生育。㉘种孳：庄稼分蘖多。形容长得茂盛。㉙姑布子卿：人名，姓姑布，名子卿。㉚翟：同狄，是当时对北方民族的泛称之一。翟婢之子：指赵简子与翟族婢女所生的儿子。㉛卫青（？—公元前106年）：字仲卿，西汉名将，河东平阳（位于今山西省临汾县西南）人，汉武帝皇后卫子夫的弟弟。㉜钳徒：颈上带着铁钳服役的刑徒。㉝笞：用竹板或荆条打脊背或臀腿。㉞万户侯：汉朝制度，列侯封地大的达万户，小的五六百户。㉟负：通妇。㊱秉：权柄。㊲法：此指骨相。㊳绛：县名。周勃的封地，位于今山西省曲沃县曲沃镇南。㊴绛侯：此处指周勃。刘邦的大将，因功封为绛侯。㊵后六年：指汉文帝改元后元六年，即公元前158年。㊶工官：官署名，西汉设置。蜀、广汉等郡都设置工官，主造武器、日用品和手工艺品。尚方：官署名，秦朝设置，属少府。主造皇室所用武器及玩物。被：套。㊷名：此处作占有讲。

㊸璧雍：本为西周天子所设的大学。因环境四周是水，环如璧，所以名为璧雍。此处指汉代的太学。㊹刺：名帖。㊺御史大夫：秦汉时仅次于丞相的中央最高长官，主要负责监察、司法，兼管重要文书图籍。㊻陪厕：厕所。㊼匏：此处指的是一种形似匏的粗陋酒壶。瓜：根据文义是指一种粗陋酒壶，疑是『瓠』之残字。『匏瓠』与『尊鼎』对文，可证。㊽差：等级。㊾表证：表征。㊿符：古时的一种凭证，双方各执一半。符验：是说『符』的两半可以相互检验。51种：文种，字少禽（一作子禽），楚国郢（位于今湖北省江陵西北）人，春秋末年越国大夫。52大梁：战国中后期魏国的国都，位于今河南省开封市西北。尉缭：姓失传，名缭，魏大梁人，战国末期秦国大臣。入秦游说，被秦始皇重用任国尉，因此称尉缭。帮助秦国策划，主张用金钱收买六国权臣，打乱其部署，以统一中国。著有《尉缭子》一书。53册：通策，计策。54亢礼：同抗礼。是说以彼此平等的礼节相待。55鸷：凶猛的鸟，如鹰之类。膺：胸。鸷膺：形容胸部凸突出。56尺书：即短书。57澹台子羽（公元前512年—？）：姓澹台，名灭明，字子羽，春秋时鲁国武城（位于今山东省费县）人，孔子的学生。相貌丑陋，不被孔子重视。后回去修养德行，南游到长江，有学生三百，名闻于诸侯。58郑：春秋时郑国的都城，位于今河南省新郑县。59问：这里是告诉的意思。60子产（？—公元前522年）：即公孙侨、公孙成了。姓公孙，名侨，字子产，一字子美。郑贵族子国之子，春秋时政治家。郑简公十二年（公元前554年）为卿，二十三年（公元前543年）执政。实行改革，使郑有了新气象。61姦姦：垂头丧气的样子。62宰予（公元前522—前458年）：一名宰我，字子我，春秋时鲁国人，孔子学生。擅长言语。曾任齐国临淄大夫。对孔子坚持『三年之丧』的主张表示怀疑。

初禀篇

人生性命该当富贵者，初禀自然之气，养育长大，富贵之命效矣。文王得赤雀，武王得白鱼、赤乌，儒者论之，以为雀则文王受命，鱼、乌则武王受命。文、武受命于天，天用雀与鱼、乌命授之也。天用赤雀命文王，文王不受；天复用鱼、乌命武王也。若此者谓本无命于天，修己行善，善行闻天，天乃授以帝王之命也。故雀与鱼、乌，天使为王之命也，王所奉以行诛者也。如实论之，非命也。命，谓初所禀得而生也。人生受性，则受命矣。性命俱禀，同时并得，非先禀性，后乃受命也。何之明之？弃事尧为司马，居稷官①，故为后稷。曾孙公刘居邰②，后徙居邠③。后孙古公亶甫三子太伯、仲雍、季历④。季历生文王昌。昌在襁褓之中，圣瑞见矣。故古公曰：『我世当有兴者，其在昌乎！』于是太伯知之，乃辞之吴⑤，文身断发，以让王季。文王受命，谓此时也，天命在人本矣，太王古公见之早也⑥。此犹为未，文王在母身之中已受命也。王者一受命，内以为性，外以为体。体者，面辅骨法⑦，生而禀之。

吏秩百石以上⑧，王侯以下，郎将大夫以至元士⑨，外及刺史太守⑩，居禄秩之吏⑪，禀富贵之命，生而有表见于面，故许负、姑布子卿辄见其验。仕者随秩迁转，迁转之人，或至公卿，命禄尊贵，位望高大。王者尊贵之率，高大之最也。生有高大之命，其时身有尊贵之奇。古公知之，见四乳之怪也。夫四乳，圣人证也。在母身中，禀天圣命，岂长大之后修行道德，四乳乃生？以四乳论望羊⑫，亦知为胎之时，已受之矣。刘媪息于大泽，梦与神遇，遂生高祖，此时已受命也。光武生于济阳宫，夜半无火，内中光明。军下卒苏永谓公曹史充兰曰：『此吉事也，毋多言。』此时已受命。独谓文王、武王得赤雀、鱼、乌乃受命，非也。

上天壹命，王者乃兴，不复更命也。得富贵大命，自起王矣。何以验之？富家之翁，资累千金，生有富骨，治生积货，至于年老，成为富翁矣。夫王者，天下之翁也，禀命定于身中⑬，犹乌之别雄雌于卵壳之中也⑭。卵壳孕而雌雄生，日月至而骨节强，强则雄自率将雌。雄非生长之后或教使为雄，然后乃敢将雌，此气性刚强自为之矣。夫王者，天下之雄也，其命当王。王命定于怀妊，犹富贵骨生有，乌雄卵成也。非唯人、乌也，万物皆然。草木生于实核，出土为栽蘖，稍生茎叶，成为长短巨细，皆由实核。王者，长巨之最也。朱草之茎如针[15]，紫芝之栽如豆[16]，成为瑞矣。王者禀气而生，亦犹此也。

或曰：『王者生禀天命，及其将王，天复命之，犹公卿以下，诏书封拜，乃敢即位。赤雀、鱼、乌，上天封拜之命也。天道人事，有相命使之义。自然无为，天之道也。命文以赤雀、武以白鱼，是有为也。管仲与鲍叔分财取多，鲍叔不与，管仲不求。内有以相知视彼犹我，取之不疑。圣人起王，犹管之取财也。朋友彼我，无有授与之义，上天自然，有命使之验，是则天道有为，朋友自然也。当汉祖斩大蛇之时，谁使斩者？岂有天道先至，而乃敢斩之哉！勇气备发，性自然也。夫斩大蛇，诛秦、杀项，同一实也。周之文、武受命伐殷，亦一义也。高祖不受命使之将[17]，独谓文、武受雀鱼之命，误矣。』

难曰：『《康王之诰》曰：「冒闻于上帝[18]，帝休，天乃大命文王。」如无命史，经何为言「天乃大命文王」？』所谓『大命』者，非天乃命文王也，圣人动作，天命之意也，与天合同，若天使之矣。《书》方激劝康叔，勉使为善，故言文王行道，上闻于天，天乃大命之也。《诗》曰『乃眷西顾[19]，此惟予度[20]』，与此同义。天无头面，眷顾如何？人有顾睨，以人效天，事易见，故曰『眷顾』。『天乃大命文王』，眷顾之义，实天不命也。何以验之？『夫大人与天地合其德[21]，与日月合其明，与四时合其序，与鬼神合其吉凶，先天而天不违，后天而奉天时。』如必须天有命，乃以从事，安得先天而后天乎？以其不待天命，直以心发，故有『先天』『后天』之勤；言合天时，故有『不违』『奉天』之文。《论语》曰：『大哉，尧之为君！唯天为大，唯尧则之。』王者则天，不违奉天之义也。推自然之性，与天合同。是则所谓『大命文王』也。自文王意，文王自为，非天驱赤雀使告文王，云当为王，乃敢起也。然则文王赤雀及武王白鱼，非天之命，昌炽祐也[22]。

吉人举事，无不利者。人徒不召而至，瑞物不招而来，黯然谐合，若或使之。出门闻告，顾睨见善，自然道也。文王当兴，赤雀适来；鱼跃乌飞，武王偶见。非天使雀至白鱼来也，吉物动飞而圣遇也。白鱼入于王舟，王阳曰[23]：『偶适也。』光禄大夫刘琨前为弘农太守[24]，虎渡河，光武皇帝曰：『偶适自然，非或使之也。』故夫王阳之言『适』，光武之曰『偶』，可谓合于自然也。

【注释】

①稷官：古时代主管农业的官。②公刘：传说是后稷的曾孙，周族的领袖。夏代末年曾率周族迁到豳（位于今陕西省彬县东北），观察地形，兴水利，开荒地，使周族得以安居。③邰：古地名，位于今陕西省武功县西。③郊：即豳，古地名，位于今陕西省彬县东北。④古公亶甫：即周太王古公亶父，古时周族领袖。太伯：古公亶甫的长子，季历的大哥。为让位给季历，躲避到吴越。仲雍：古公亶甫的次子。他与太伯为让位给季历，避到东南方的吴越地区。季历：古公亶甫的小儿子，周文王的父亲。其兄太伯、虞仲让位给季历，得立为君。周武王即位追尊为『王季』。⑤吴：古吴地，位于今江苏省南部。⑥太王：周武王即位后，追尊古公亶甫为『太王』。⑦面辅：面颊。此处指容貌。骨法：骨骼的形状。⑧吏秩：官吏俸禄的等级。百石：年俸一百石谷。此处泛指小官。⑨郎：帝王侍从官的通称。将：领兵作战的高级武官。大夫：指在朝廷中央任有要职，如御史大夫、谏大夫等。元士：指三公（汉时指丞相、太尉、御史大夫）的属吏。⑩外：京都以外。此处指地方。⑪居：处于。⑫望羊：同望阳。⑬身：此处指母身，娘胎。⑭别：区分，决定。⑮朱草：一种茎叶都是红色的草，可作染料，古人认为它是吉祥物。⑯紫芝：灵芝草，古人认为它是吉祥物。⑰将：率领。此处是率兵打仗的意思。⑱冒：通勖，勉励。⑲眷：不断地回头看。⑳度：通宅，地方。㉑大人：此处指『圣王』。㉒炽：强盛。祐：福祐。此处指吉祥的兆头。㉓王阳：名吉，字子阳，汉皋虞（位于今山东

省即墨东北）人。西汉宣帝时任博士、谏大夫。后与宣帝政见不同，谢病归故里。㉔光禄大夫：官名。汉时在朝中掌管顾问应对，议论朝政。

本性篇

情性者[1]，不治之本，礼乐所由生也。故原情性之极，礼为之防，乐为之节。性有卑谦辞让，故制礼以适其宜[2]；情有好恶喜怒哀乐，故作乐以通其敬[3]。礼所以制，乐所为作者，情与性也。昔儒旧生，著作篇章，莫不论说，莫能实定。

周人世硕以为人性有善有恶[4]，举人之善性，养而致之则善长；性恶，养而致之则恶长。如此，则性各有阴阳，善恶在所养焉。故世子作《养书》一篇。密子贱、漆雕开、公孙尼子之徒[5]，亦论情性，与世子相出入，皆言性有善有恶。

孟子作《性善》之篇，以为人性皆善，及其不善，物乱之也。谓人生于天地，皆禀善性，长大与物交接者，放纵悖乱[6]，不善日以生矣。若孟子之言，人幼小之时，无有不善也。微子曰：『我旧云孩子，王子不出[7]。』纣为孩子之时，微子睹其不善之性。性恶不出众庶，长大为乱不变，故云也。羊舌食我初生之时，叔姬视之[8]，及堂，闻其啼声而还，曰：『其声，豺狼之声也。野心无亲，非是莫灭羊舌氏。』遂不肯见。及长，祁胜为乱[9]，食我与焉。国人杀食我，羊舌氏由是灭矣。纣之恶，在孩子之时；食我之乱，见始生之声。孩子始生，未与物接，谁令悖者？丹朱土于唐宫，商均生于虞室。唐、虞之时，可比屋而封，所与接者，必多善矣。二帝之旁，必多贤也。然而丹朱洩，商均虐，并失帝统，历世为戒。且孟子相人以眸子焉，心清而眸子瞭，心浊而眸子眊[10]。人生目辄眊瞭，眊瞭禀之于天，不同气也，非幼小之时瞭，长大与人接，乃更眊也。性本自然，善恶有质[11]。孟子之言情性，未为实也。然而性善之论，亦有所缘。或仁或义，性术乖也。动作趋翔，性识诡也，面色或白或黑，身形或长或短，至老极死，不可变易，天性然也。皆知水土物器形性不同，而莫知善恶禀之异也。一岁婴儿，无争夺之心，长大之后，或渐利色[12]，狂心悖行，由此生也。

告子与孟子同时，其论性无善恶之分，譬之湍水，决之东则东[13]，决之西则西。夫水无分于东西，犹人无分于善恶也。夫告子之言，谓人之性与水同也。使性若水，可以水喻性，犹金之为金，木之为木也，人善因善，恶亦因恶。初禀天然之姿[14]，受纯壹之质，故生而兆见，善恶可察。无分于善恶，可推移者，谓中人也。不善不恶，须教成者也。故孔子曰：『中人以上，可以语上也[15]；中人以下，不可以语上也。』告子之以决水喻者，徒谓中人，不指极善极恶也。孔子曰：『性相近也，习相远也。』夫中人之性，在所习焉。习善而为善，习恶而为恶也。至于极善极恶，非复在习。故孔子曰：『惟上智与下愚不移。』性有善不善，圣化贤教，不能复移易也。孔子道德之祖，诸子之中最卓者也，而曰『上智下愚不移』，故知告子之言，未得实也。夫告子之言，亦有缘也。《诗》曰：『彼姝之子，何以与之？』其传曰：『譬犹练丝，染之蓝则青，染之朱则赤。』夫决水使之东西，犹染丝令之青赤也。丹朱、商均已染于唐、虞之化矣[16]，然而丹朱溲而商均虐者，至恶之质，不受蓝朱变也。

孙卿有反孟子[17]，作《性恶》之篇，以为『人性恶，其善者伪也。性恶者，以为人生皆得恶性也；伪者，长大之后，勉使为善也。』若孙卿之言，人幼小无有善也。稷为儿，以种树为戏；孔子能行，以俎豆为弄[18]。石生而坚，兰生而香。禀善气，长大就成。故种树之戏，为唐司马；俎豆之弄，为周圣师。禀兰石之性，故有坚香之验。夫孙卿之言，未为得实。然而性恶之言，有缘也。一岁婴儿，无推让之心。见食，号欲食之；睹好，啼欲玩之。长大之后，禁情割欲，勉厉为善矣。刘子政非之曰[19]：『如此，则天无气也，阴阳善恶不相当，则人之为善安从生？』

陆贾曰：『天地生人也，以礼义之性。人能察己所以受命则顺[20]。顺之谓道。』夫陆贾知人礼义为性，人亦能察己所以受命。性善者，不待察而自善；性恶者，虽能察之，犹背礼畔义。义挹于善[21]，不能为也。故贪者能言廉，乱者能言治。盗跖非人之窃也，庄跷刺人之滥也[22]，明能察己，口能论贤，性恶不为，何益于善？陆贾之言，未能得实。

董仲舒览孙、孟之书[23]，作情性之说曰：『天之大经[24]，一阴一阳；人之大经，一情一性。性生于阳，情生于阴。阴气鄙，阳气仁。曰性善者，是见其阳也；谓恶者，是见其阴者也。』若仲舒之言，谓孟子见其阳，孙卿见其阴也。处二家各有见，可也；不处人情性情性有善有恶[25]，未也。夫人情性同生于阴阳，其生于阴阳，有渥有泊。玉生于石，有纯有驳，情性于阴阳，安能纯善？仲舒之言，未能得实。

刘子政曰：『性，生而然者也，在于身而不发。情，接于物而然者也，出形于外。形外则谓之阳，不发者则谓之阴。』夫子政之言，谓性在身而不发。情接于物，形出于外，故谓之阳，性不发，不与物接，故谓之阴。夫如子政之言，乃谓情为阳，性为阴也。不据本所生起，苟以形出与不发见定阴阳也。必以形出为阳，性亦与物接，造次必于是[26]颠沛必于是。恻隐不忍不忍[27]，仁之气也[28]。卑谦辞让，性之发也。有与接会，故恻隐卑谦，形出于外。谓性在内不与物接、恐非其实。不论性之善恶，徒议外内阴阳，理难以知。且从子政之言，以性为阴，情为阳，夫人禀情[29]，竟有善恶不也[30]？

自孟子以下至刘子政，鸿儒博生[31]，闻见多矣。然而论情性，竟无定是。唯世硕儒、公孙尼子之徒，颇得其正。由此言之，事易知，道难论也。酆文茂记[32]，繁如荣华；恢谐剧谈[33]，甘如饴密，未必得实。实者人性有善有恶，犹人才有高有下也。高不可下，下不可高。谓性无善恶，是谓人才无高下也。禀性受命，同一实也。命有贵贱，性有善恶。谓性无善恶，是谓人命无贵贱也。

九州田土之性，善恶不均，故有黄赤黑之别，上中下之差。水潦不同[34]，故有清浊之流，东西南北之趋。人禀天地之性，怀五常之气，或仁或义，性术乖也[35]；动作趋翔[36]，或重或轻，性识诡也；面色或白或黑，身形或长或短，至老极死不可变易，天性然也。余固以孟轲言人性善者，中人以上者也；孙卿言人性恶者，中人以下者也；扬雄言人性善恶混者，中人也。若反经合道，则可以为教。尽性之理，则未也。

【注释】

①情：此处指人的喜怒哀乐等情感。性：是指人先天具有的道德属性。王充认为，情和性都是人在娘胎里承受厚薄不同的气所形成的。②宜：和顺，亲善。③通：传达。敬：恭敬。此处是严肃的意思。④世硕：春秋时陈国人，孔门七十弟子之一。著有《世子》二十一篇。⑤扬子贱：扬不齐，字子贱。春秋时鲁国人，孔子的学生，孔子称他作君子。曾为单父宰，后世追封为单父侯。漆雕开（公元前540年—？）：姓漆雕，名启，字子开。春秋时鲁国人，孔子的学生。习《尚书》，不愿做官，以德行著称。著《漆雕子》十三篇。公孙尼子：战国初人，孔子的再传弟子。著《公孙尼子》二十八篇，今不传。⑥悖：违背。乱：祸乱。⑦王子：此处指商纣王。⑧叔姬：羊舌食我的祖母。⑨祁胜：春秋时晋国大夫祁盈的属官。⑩眊：眼睛失神，昏乱。⑪质：本质，性质。此处指人所承受的性质。⑫渐：浸渍。⑬决：排除堵塞，导水使行。⑭姿：通资，资质，本性。⑮上：上等，高级。此处指仁义道德之类的大道理。⑯化：改变。⑰孙卿：荀况（约公元前313—前238年），时人尊称为荀卿。战国时赵国人。他是战国时的思想家和教育家。⑱俎豆：本是祭祀时用的礼器，这里指陈设俎豆，模拟祭礼的动作。弄：玩弄，戏耍。⑲刘子政（约公元前77—前6年）：刘向，名更生，字子政，西汉沛（位于今江苏沛县）人。汉皇族楚元王（刘交）四世孙。是西汉著名的经学家、目录学家、文学家。曾任谏大夫、宗正等。用阴阳灾异推论时事政治的得失，屡次上书劾奏外戚专权。成帝时，任光禄大夫，最后终于中垒校尉。⑳受命：此处指从天地接受礼义之性。㉑挹：酌取，汲取。㉒刺：斥责，指责。滥：贪。㉓董仲舒（公元前179—前104年）：西汉哲学家，今文经学大师。广川（位于今河北省枣强县东）

人。曾任博士、江都相和胶西相。㉔大经：常道或不改变的常规。㉕情性情性：疑重复。㉖造次：仓促，匆促。是：此。此处指本性。㉗不忍：疑重出。㉘仁之气：指具有『仁』这种道德属性的气。㉙情：人性禀受于天，本书时见此义，故疑系『性』之误。㉚不：同否。㉛鸿：大。博：学识广泛丰富。㉜记：记载事物的文章或书籍。㉝恢：通诙。㉞潦：雨水。水潦：此处指水源。㉟术：道。此处指遵循的原则。㊱趋：快步走。翔：回翔。此处有缓慢的意思。

物势篇

儒者论曰：『天地故生人。』此言妄也。夫天地合气，人偶自生也，犹夫妇合气，子则自生也。夫妇合气，非当时欲得生子，情欲动而合，合而生子矣。且夫妇不故生子，以知天地不故生人也。然则人生于天地也，犹鱼之于渊，虮虱之于人也①，固气而生，种类相产。万物生天地之间，皆一实也。

传曰：『天地不故生人，人偶自生。若此，论事者何故云「天地为炉，万物为铜，阴阳为火，造化为工」乎？案陶冶者之用火烁铜燔器，故为之也。而云天地不故生人，人偶自生耳，可谓陶冶者不故为器，而器偶自成乎？夫比不应事②，未可谓喻③；文不称实，未可谓是也。』曰：是喻人禀气不能纯一，若烁铜之下形，燔器之得火也，非谓天地生人与陶冶同也。兴喻，人皆引人事。人事有体，不可断绝。以目视头，头不得不动；以手相足④，足不得不摇。目与头同形，手与足同体。今夫陶冶者初埏埴作器，必模范为形，故作之也；燃炭生火，必调和炉灶⑤，故为之地。及铜烁不能皆成，器燔不能尽善，不能故生也。夫天不能故生人，则其生万物，亦不能故也。天地合气，物偶自生矣。夫耕耘播种，故为之也，及其成与不熟，偶自然也。何以验之？如天故生万物，为令其相亲爱，不当令之相贼害也。

或曰：『五行之气⑥，天生万物。以万物含五行之气，五行之气更相贼害⑦。』曰：天自当以一行之气生万物，令之相亲爱，不当令五行之气，反使相贼害也。

或曰：『欲为之用，故令相贼害。贼害，相成也。故天用五行之气生万物，人用万物作万事。不能相制，不能相使；不相贼害，不成为用。金不贼木，木不成用；火不烁金，金不成器。故诸物相贼相利。含血之虫相胜服、相啮噬、相啖食者[8]，皆五行气使之然也。』曰：天生万物欲令相为用，不得不相贼害也，则生虎、狼、蝮蛇及蜂、虿之虫，皆贼害人，天又欲使人为之用邪？且一人之身，含五行之气，故一人之行，有五常之操。五常，五常之道也。五藏在内[9]，五行气俱。如论者之言，含血之虫，怀五行之气，辄相贼害。一人之身，胸怀五藏，自相贼也？一人之操，行义之心自相害也？且五行之气相贼害，含血之虫相胜服，其验何在？

曰：『寅木也，其禽虎也[10]。戌土也，其禽犬也。丑、未亦土也。丑禽牛，未禽羊也。木胜土，故犬与牛羊为虎所服也。亥水也，其禽豕也。巳火也，其禽蛇也，子亦水也，其禽鼠也。午亦火也，其禽马也。水胜火，故豕食蛇。火为水所害，故马食鼠屎而腹胀。』曰：审如论者之言，含血之虫，亦有不相胜之效。午马也。子鼠也。酉鸡也。卯兔也。水胜火，鼠何不逐马？金胜木，鸡何不啄兔？亥豕也。未羊也。丑牛也。土胜水，牛羊何不杀豕？巳蛇也。申猴也。火胜金，蛇何不食猕猴[11]？猕猴者畏鼠也。啮猕猴者犬也。鼠水。猕猴金也。水不胜金，猕猴何故畏鼠也？戌土也。申猴也。土不胜金，猴何故畏犬？东方木也[12]，其星仓龙也[13]。西方金也，其星白虎也[14]。南方火也，其星朱鸟也[15]。北方水也，其星玄武也[16]。天有四星之精，降生四兽之体[17]，含血之虫，以四兽为长，四兽含五行之气最较著。案龙虎交不相贼，鸟龟会不相害。以四兽验之，以十二辰之禽效之[18]，五行之虫以气性相刻[19]，则尤不相应。

凡万物相刻贼，含血之虫则相服，至于相啖食者，自以齿牙顿利[20]，筋力优劣，动作巧便，气势勇桀。若人之在世，势不与适[21]，力不均等，自相胜服。以力相服，则以刃相贼矣。夫人以刃相贼，犹物以齿角爪牙相触刺也。力强角利，势烈牙长，则能胜；气微爪短，诛胆小距顿，则服畏也。人有勇怯，故战有胜负，胜者未必受金气，负者未必得木精也。

孔子畏阳虎，却行流汗，阳虎未必色白㉒，孔子未必面青也。鹰之击鸠雀㉓，鸮之啄鹄雁㉔，未必鹰、鸮生于南方而鸠雀、鹄雁产于西方也，自是筋力勇怯相胜服也。

一堂之上，必有论者。一乡之中，必有讼者。讼必有曲直，论必有是非。非而曲者为负，是而直者为胜。亦或辩口利舌，辞喻横出为胜㉕；或诎弱缀跲㉖，蹥蹇不比者为负㉗。以舌论讼，犹以剑戟斗也。利剑长戟，手足健疾者胜；顿刀短矛，手足缓留者负。夫物之相胜，或以筋力，或以气势，或以巧便。小有气势，口足有便，则能以小而制大；大无骨力，角翼不劲，则以大而服小。鹊食猬皮，博劳食蛇㉘，猬、蛇不便也。蚊虻之力不如牛马㉙，牛马困于蚊虻，蚊虻乃有势也。鹿之角足以触犬，猕猴之手足以搏鼠。然而鹿制于犬，猕猴服于鼠，角爪不利也。故十年之牛，为牧竖所驱㉚，长仞之象，为越僮所钩㉛，无便故也。故夫得其便也，则以小能胜大；无其便也，则以强服于羸也。

【注释】

①虮：虱子卵。②应：合适。③喻：使人明白。④相：审察。此处指测量。⑤调和：和谐，触合。此处指管理好。⑥五行：指金、木、水、火、土五种物质。⑦更：交替。⑧含血之虫：这里泛指动物。啮噬：咬。啖食：吞食。⑨藏：同脏。五藏：指脾、肺、心、肝、肾。⑩禽：此处指动物。虎：汉代把十二地支分别配属十二种动物，即子鼠、丑牛、寅虎、卯兔、辰龙、巳蛇、午马、未羊、申猴、酉鸡、戌狗、亥猪。这种完整的配属，在现有文献中最早见于本篇。⑪猕猴：猴的一种，以野果、野菜为食。⑫按照阴阳五行说法，五方和五行相配属，东方属木，南方属火，中央属土，西方属金，北方属水。⑬仓：通苍，青色。按阴阳五行的说法，五色与五方相配属，青色属东方，赤色属南方，黄色属中央，白色属西方，黑色属北方。⑭白虎：西方七宿的总称。西方七宿：奎宿，娄宿、胃宿、昴宿、毕宿、觜宿、参宿连在一起，被认为像只虎，白色属西方，所以用白虎称西方七宿。⑮朱鸟：又称朱雀，南方七宿的总称。⑯玄武：

北方七宿的总称。⑰四兽：指龙、虎、鸟、龟。⑱十二辰：十二地支也叫十二辰。⑲气性：此处指五行之气的性质。⑳顿：通钝。㉑适：通敌。与适：与之相匹敌，与之相等。㉒色白：按照阴阳五行的说法，白色属金，青色属木。㉓鸠：斑鸠一类的鸟。㉔鹗：鸱鹗，猫头鹰一类的鸟。鹄：天鹅。㉕喻：清楚。横出：流畅。㉖诎：言语钝拙。缀：通辍，中止，停止。牴：牵绊。缀牴：形容迟钝。㉗踕蹇：艰难。此处指说话结巴。不比：此处指语言不连贯。㉘博劳：又称伯劳，是一种鸟。食大型昆虫以及蛙类、蜥蜴类或小型鸟兽等。终年留居我国西南、长江流域以南直达华南地区。㉙虻：一种蚊虫，形似蝇而稍长。雌虫刺吸牛等牲畜血液，危害家畜。㉚牧竖：牧童。㉛越：古时族名。秦汉以前就已广泛分布于长江中下游以南，部落众多，故又有百越、百粤之称。钩：扣留。此处是管束的意思。

奇怪篇

儒者称圣人之生，不因人气①，更禀精于天。禹母吞薏苡而生禹②，故夏姓曰姒。卨母吞燕卵而生卨③，故殷姓曰子。后稷母履大人迹而生后稷，故周姓曰姬。《诗》曰：『不坼不副④』，是生后稷。说者又曰：禹、卨逆生，闿母背而出。后稷顺生，不坼不副。不感动母体⑤，故曰『不坼不副』。逆生者子孙逆死，顺生者子孙顺亡。故桀、纣诛死，赧王夺邑⑥。言之有头足，故人信其说；明事以验证故人然其文。谶书又言⑦：尧母庆都野出，赤龙感己⑧，遂生尧。《高祖本纪》言：刘媪尝息大泽之陂，梦与神遇。是时，雷电晦冥，太公往视⑨，见蛟龙于上。已而有身，遂生高祖。其言神验，文又明著，世儒学者，莫谓不然。如实论之，虚妄言也。

彼诗言『不坼不副』，言其不感动母体，可也；言其闿母背而出，妄也。夫蝉之生复育也，闿背而出。天之生圣子，与复育同道乎？兔吮毫而怀子，及其子生，从口而出。案禹母吞薏苡，卨母咽燕卵，与兔吮毫同实也。禹、卨之母生，宜皆从口，不当闿背。夫如是，闿背之说，竟虚妄也。世间血刃死者多，未必其先祖初为人者生时逆也。秦失天下，阎乐斩胡亥[10]，项羽诛子婴[11]。秦之先祖伯翳，岂逆生乎？如是，为顺逆之说，以验三家之祖，误矣。

且夫薏苡草也，燕卵鸟也，大人迹土也。三者皆形，非气也，安能生人？说圣者以为禀天精微之气，故其为有殊绝之知[12]。今三家之生，以草，以鸟，以土，可谓精微乎？天地之性，唯人为贵，则物贱矣。今贵人之气，更禀贱物之精，安能精微乎？夫令鸠雀施气于雁鹄，终不成子者，何也？鸠雀之身小，雁鹄之形大也。今燕之身不过五尺，薏苡之茎不过数尺，二女吞其卵实，安能成七尺之形乎？烁一鼎之铜，以灌一钱之形[13]，不能成一鼎，明矣。今谓大人天神，故其迹巨。巨迹之人，一鼎之烁铜也，姜原之身[14]，一钱之形也。使大人施气于姜原，姜原之身小，安能尽得其精？不能尽得其精，则后稷不能成人。

尧、高祖审龙之子，子性类父，龙能乘云，尧与高祖亦宜能焉。万物生于土，各似本种。不类土者，生不出于土[15]，土徒养育之也。母之怀子，犹土之育物也。尧、高祖之母，受龙之施，犹土受物之播也。物生自类本种，夫二帝宜似龙也。且夫含血之类，相与为牝牡[16]，牝牡之会，皆见同类之物。精感欲动，乃能授施。若夫牡马见雌牛，雀见雄牝鸡，不相与合者，异类故也。今龙与人异类，何能感于人而施气？

或曰：『夏之衰，二龙斗于庭，吐漦于地[17]。龙亡漦在，椟而藏之。至周幽王发出龙漦，化为玄鼋[18]，入于后宫，与处女交，遂生褒姒[19]。玄鼋与人异类，何以感于处女而施气乎？夫玄鼋所交非正，故褒姒为祸，周国以亡。以非类妄交，则有非道妄乱之子。今尧、高祖之母不以道接会[20]，何故二帝贤圣，与褒姒异乎。』

或曰：『赵简子病，五日不知人。觉言，我之帝所，有熊来，帝命我射之，中，熊死；有罴来，我又射之，中罴，罴死。后问当道之鬼，鬼曰：「熊罴，晋二卿之先祖也[21]。」熊罴物也，与人异类，何以施类于人，而为二卿祖？』。夫简子所射熊罴，二卿祖当亡，简子当昌之秋也。简子见之，若寝梦矣。空虚之象，不必有实。假令有之，或时熊罴先化为人，乃生二卿。鲁公牛哀病化为虎。人化为兽，亦如兽为人。玄鼋入后宫，殆先化为人。天地之间，异类之物。相与交接未之有也。

天人同道，好恶均心。人不好异类，则天亦不与通。人虽生于天，犹虮虱生于人也。人不好虮虱，天无故欲生于人。何则？异类殊性，情欲不相得也。天地夫妇也，天施气于地以生物，人转相生，精微为圣，皆因父气，不更禀取。如更禀者为圣，禼、后稷不圣。如圣人皆当更禀，十二圣不皆然也㉒。黄帝、帝喾、帝嵩顼、帝舜之母，何所受气？文王、武王、周公、孔子之母，何所感吞？

此或时见三家之姓曰姒氏、子氏、姬氏，则因依放㉓，空生怪说，犹见鼎湖之地㉔，而著黄帝升天之说矣。失道之意，还反其字。苍颉作书，与事相连。姜原履大人迹，迹者基也，姓当为『其』下『土』，乃为『女』旁『巨』。非基迹之字，不合本事，疑非实也。以周姬况夏殷，亦知子之与姒，非燕子、薏苡也。或时禹、契、后稷之母适欲怀妊，遭吞薏苡、燕卵，履大人迹也。世好奇怪，古今同情。不见奇怪，谓德不异，故因以为姓。世间诚信，因以为然。圣人重疑㉕，因不复定。世士浅论，因不复辨。儒生是古，因生其说。彼诗言『不坼不副』者，言后稷之生不感动母身也。儒生穿凿，因造禹、契逆生之说。感于龙，梦与神遇，犹此率也。尧、高祖之母适欲怀妊，遭逢雷龙载云雨而行，人见其形，遂谓之然。梦与神遇，得圣子之象也。梦见鬼合之，非梦与神遇乎，安得其实！野出感龙及蛟龙居上，或尧、高祖受富贵之命，龙为吉物，遭加其上，吉祥之瑞，受命之证也。光武皇帝产于济阳宫，凤凰集于地，嘉禾生于屋。圣人之生，奇鸟吉物之为瑞应。必以奇吉之物见而子生谓之物之子，是则光武皇帝嘉禾之精、凤凰之气欤？

案《帝系》之篇及《三代世表》，禹，鲧之子也，鲧、稷皆帝喾之子，其母皆帝喾之妃也，及尧，亦喾之子。帝王之妃，何为适草野？古时虽质，礼已设制，帝王之妃，何为浴于水？夫如是，言圣人更禀气于天，母有感吞者，虚妄之言也。实者，圣人自有种世族，仁如文、武各有类。孔子吹律㉖，自知殷后；项羽重瞳，自知虞舜苗裔也㉗。五帝、三王皆祖黄帝。黄帝圣人，本禀贵命，故其子孙皆为帝王。帝王之生，必有怪奇，不见于物，则效于梦矣。

【注释】

①人气：指构成人的气。②薏苡：俗称『药玉米』『回回米』，一种禾本科植物。其果实可供食用或药用。③盃：即契，传说是商的始祖。④不：语助词，无义。坼：分裂。副：同祇，分。⑤感：通撼，震。⑥赧王：名延，东周最后一个君主，公元前314—前256年在位。秦灭周时，赧王只被迫交出土地和奴隶，未被处死。⑦谶：预示吉凶隐语。谶书：指专门记载谶语的书。⑧已：语助词，无义。⑨太公：对年老男子的尊称。此处指刘邦的父亲。⑩阎乐：秦二世宰相赵高的女婿，当时任咸阳令，奉赵高的命令，迫令胡亥自杀。胡亥：即秦二世，秦始皇的小儿子。公元前210—前207年在位。⑪子婴：秦二世胡亥的侄子。胡亥死后，赵高立他为皇帝。继位后，便想法杀了赵高，并灭其三族。刘邦兵至霸上（位于今陕西西安东），他素车白马投降，秦亡。在位仅46天。后项羽攻进咸阳，被项羽所杀。⑫知：通智。⑬形：通型。⑭姜原：后稷母亲的名字。⑮生：本性。⑯牝：雌性动物。牡：雄性动物。牝牡：此处配偶。⑰漦：传说是龙的口水。⑱鼋：通蚖，蜥蜴。⑲褒姒：人名，姒姓。据说生下来后被送到褒国抚养，长大后献给周幽王为妃，所以称褒姒。为幽王所宠，继而被立为后，其子伯服被立为太子。⑳接会：此处是交配的意思。㉑晋二卿：指春秋末晋国的范氏和中行氏。㉒十二圣：即黄帝、颛顼、帝喾、尧、舜、禹、皋陶、汤、周文王、周武王、周公、孔丘。㉓放：通仿，模仿。㉔鼎湖：古时传说黄帝在此铸鼎，鼎成于是乘龙升了天。㉕重：此处是不轻易地意思。㉖律：律管。古时正音的竹管，共十二根，以管的长短确定音的不同高度。孔子吹律：据谶书记载，孔子从小不知道父亲是谁，通过吹律管才知道自己是殷贵族的后裔。㉗苗裔：后代。自知虞舜苗裔：传说舜的眼睛有两个瞳仁，故项羽自认为

是舜的后代。

变虚篇

传书曰：『宋景公之时，荧惑守心。公惧，召子韦而问之曰①：『荧惑在心，何也？』子韦曰：『荧惑，天罚也②，心，宋分野也③，祸当君。虽然，可移于宰相。』公曰：『宰相所使治国家也，而移死焉，不祥。』子韦曰：『可移于民。』公曰：『民死，寡人将谁为也？宁独死耳。』子韦曰：『可移于岁。』公曰：『民饥，必死。为人君而欲杀其民以自活也，其谁以我为君者乎？是寡人命固尽也，子毋复言。』子韦退走，北面再拜曰④：『臣敢贺君⑤。天之处高而耳卑，君有君人之言三，天必三赏君。今夕星必徙三舍⑥，君延命二十一年。』公曰：『奚知之？』对曰：『君有三善，故有三赏，星必三徙。三徙行七星，星当一年，三七二十一，故君命延二十一岁。臣请伏于殿下以伺之，星必不徙⑦，臣请死耳。』是夕也，火星果徙三舍。如子韦之言，则延年审得二十一岁矣。星徙审，则延命，延命明⑧，则景公为善，天祐之也。则夫世间人能为景公之行者，则必得景公祐矣。此言虚也。何则？皇天迁怒⑨，使荧惑本景公身有恶而守心，则虽听子韦言，犹无益也。使其不为景公，则虽不听子韦之言，亦无损也。

齐景公时有彗星⑩，使人禳之⑪。晏子曰⑫：『无益也，只取诬焉。天道不暗，不贰其命⑬，若之何禳之也？且天之有彗，以除秽也，君无秽德，又何禳焉？若德之秽，禳之何益？《诗》曰：「惟此文王，小心翼翼，昭事上帝⑭，聿怀多福⑮；厥德不回⑯，以受方国。」君无回德，方国将至，何患于彗？《诗》曰：「我无所监，夏后及商，用乱之故，民卒流亡。」若德回乱，民将流亡，祝史之为，无能补也。』公说，乃止。

齐君欲禳彗星之凶，犹子韦欲移荧惑之祸也。宋君不听，犹晏子不肯从也。则齐君为子韦，晏子为宋君也。同变共祸⑰，一事二人，天犹贤宋君，使荧惑徙三舍，延二十一年，独不多晏子，使彗消而增其寿，何天祐善偏驳不齐一也？人君有善行，善行动于心，善言出于意，同由共本[18]，一气不异。宋景公出三善言，则其先三善言之前，必有善行也。有善行，必有善政。政善则嘉瑞臻[19]，福祥至，荧惑之星无为守心也[20]。使景公有失误之行，以致恶政，恶政发，则妖异见[21]，荧之守心，桑谷之生朝，高宗消桑谷之变，以政不以言；景公却荧惑之异[22]，亦宜以行。景公有恶行，故荧惑守心。不改政修行，坐出三善言，安能动天！天安肯应！何以效之？使景公出三恶言，能使荧惑守心乎？夫三恶言不能使荧惑守心，三善言安能使荧惑退徙三舍？以三善言获二十一年，如有百善言，得千岁之寿乎？非天祐善之意，应诚为福之实也。

子韦之言："『天处高而听卑，君有君人之言三，天必三赏君。』夫天体也，与地无异。诸有体者，耳咸附于首。体与耳殊，未之有也。天之去人，高数万里，使耳附天，听数万里之语，弗能闻也。人坐楼台之上，察地之蝼蚁，尚不见其体，安能闻其声。何则？蝼蚁之体细，不若人形大，声音孔气不能达也[23]。今天之崇高非直楼台，人体比于天，非若蝼蚁于人也。谓天非若蝼蚁于人也。谓天闻人言，随善恶为吉凶，误矣。四夷入诸夏[24]，因译而通。同形均气，语不相晓，虽五帝三王不能去译独晓四夷，况天与人异体，音与人殊乎！人不晓天所为，天安能知人所行？使天体乎，耳高不能闻人言。使天气乎，气若云烟，安能听人辞！说灾变之家曰：『人在天地之间，犹鱼在水中矣。其能以行动天地，犹鱼鼓而振水也。鱼动而水荡气变。』此非实事也。假使真然，不能至天。鱼长一尺，动于水中，振旁侧之水，不过数尺，大若不过与人同，所振荡者不过百步，而一里之外淡然澄静，离之远也。今人操行变气，远近宜与鱼等，气应而变，宜与水均。以七尺之细形，形中之微气，不过与一鼎之蒸火同，从下地上变皇天，何其高也？且景公贤者也。贤者操行，上不及圣，下不过恶人。世间圣人莫不尧、舜，恶人莫不桀、纣。尧、舜操行多善，无移荧惑之效；桀、纣之政多恶，有反景公脱祸之验。景公出三善言，延年二十一岁，是则尧、舜宜获千岁，桀、纣宜为殇子㉕。今则不然，各随年寿，尧、舜、桀、纣，皆近百载。是竟子韦之言妄，延年之语虚也。

且子韦之言曰：『荧惑，天使也，心，宋分野也，祸当君。』若是者，天使荧惑加祸于景公也，如何可移于将相，若岁与国民乎？天之有荧惑也，犹王者之有方伯也㉖。诸侯有当死之罪，使方伯围守其国㉗。国君问罪于臣，臣明罪在君。虽然，可移于臣子与人民。设国君计其言，令其臣归罪于国，方伯闻之，肯听其言，释国君之罪，更移以付国人乎？方伯不听者，自国君之罪，非国人之辜也。方伯不听，自国君之罪，荧惑安肯移祸于国人？若此，子韦之言妄也。曰景公听乎言，庸何能动天㉘？使诸侯不听其臣言，引过自予㉙，方伯闻其言，释其罪，委之去乎？方伯不释诸侯之罪，荧惑安肯徙去三舍！夫听与不听，皆无福善，星徙之实，未可信用。天人同道，好恶不殊，人道不然，则知天无验矣。

宋、卫、陈、郑之俱灾也，气变见天。梓慎知之㉚，请于子产，有以除之㉛，子产不听。天道当然，人事不能却也。使子产听梓慎，四国能无灾乎？尧遭鸿水时㉜，臣必有梓慎、子韦之知矣㉝。然而不却除者，尧与子产同心也。

案子韦之言曰：『荧惑，天使也，心，宋分野也，祸当君。』审如此言，祸不可除，星不可却也。若夫寒温失和，风雨不时，政事之家，谓之失误所致，可以善政贤行变而复也㉞。若荧惑守心，若必死犹亡，祸安可除？修政改行，安能却之？善政贤行，尚不能却，出虚华之三言，谓星却而祸除，增寿延年，享长久之福，误矣。观子韦之言景公言荧惑之祸，非寒暑风雨之类，身死命终之祥也㉟。国且亡，身且死，袄气见于天㊱，容色见于面。面有容色，虽善操行不能灭，死征已见也。在体之色，不可以言行灭；在天之妖，安可以治除乎㊲？人病且死，色见于面，人或谓之曰：『此必死之征也，虽然，可移于五邻，若移于奴役。』当死之人正言不可，容色肯为善言之故灭，而当死之命肯为之长乎？气不可灭，命不可长。然则荧惑安可却，景公之年安可增乎？由此言之，荧惑守心，未知所为，故景公不死也。

且言星徙三舍者，何谓也？星三徙于一舍乎？一徙历于三舍也？案子韦之言曰：『君有君人之言三，天必三赏君，今夕星必徙三舍。』若此星竟徙三舍也。夫景公一坐有三善言，星徙三舍，如有十善言，星徙十舍乎？荧惑守心，为善言却，如景公复出三恶言，荧惑食心乎？为善言却，为恶言进，无善无恶，荧惑安居不行动乎？或时荧惑守心为旱灾，不为君薨。子韦不知，以为死祸，信俗至诚之感。荧惑之处星，必偶自当去，景公自不死，世则谓子韦之言审，景公之诚感天矣。亦或时子韦知星行度适自去，自以著己之知，明君臣推让之所致。见星之数七，因言星七舍，复得二十一年，因以星舍计年之数。是与齐太卜无以异也㊳。齐景公问太卜曰：『子之道何能？』对曰：『能动地。』晏子往见公，公曰：『寡人问太卜曰：「子道何能？」对曰：「能动地」。地固可动乎？』晏子嘿然不对㊴，出见太卜曰：『昔吾见钩星在房、心之间，地其动乎？』太卜曰：『然』。晏子出，太卜走见公：『臣非能动地，地固将自动。』夫子韦言星徙，犹太卜言地动也。地固且自动，太卜言己能动之。星固将自徙，子韦言君能徙之。使晏子不言钩星在房、心，则太卜之奸对不觉。宋无晏子之知臣㊵，故子韦之一言，遂为其是。案《子韦书录序秦》亦言子韦曰：『君出三善言，荧惑宜有动。于是候之，果徙舍。』不言三。或时星当自去，子韦以为验，实动离舍，世增言三。既空增三舍之数，又虚生二十一年之寿也。

【注释】

①子韦：宋景公时太史，其职务是掌管观测星象等事。②天罚：古时人把火星看作是凶星，它运行到哪里，地上相应的地方就会受到上天的惩罚，遭受灾祸。③分野：据《淮南子·天文训》记载，我国古代星占术，按二十八宿把天分为二十八个天区，地上各州郡邦国都与天上的一定天区相对应，各天区所发生的天象变化预示着地上相应的地方会出现吉凶。按照这种配属，心宿是宋国的分野。④北面：朝着北面。君主向南坐，臣朝北拜君。⑤敢：谦辞，

冒昧。⑥星：指火星。⑦必：果真，如果。⑧明：明确，确实。⑨迁：移。此处是降的意思。⑩齐景公（？—公元前490年）：名杵臼，春秋时齐国国君。公元前547—前490年在位。彗星：俗称扫帚星，绕太阳旋转的一种星体，通常背着太阳一面拖着一条扫帚状的长尾巴，我国古时叫作妖星。由于古人缺乏科学知识，认为彗星出现是灾祸的预兆。⑪禳：禳解，通过祭祀和祈祷来消除灾祸的迷信活动。⑫晏子：即晏婴（？—公元前500年），字平仲，夷维（位于今山东省高密）人，春秋时齐国大夫。历仕齐灵公、庄公、景公三世。其言行被战国时人收集在《晏子春秋》一书中。⑬贰：背叛，违反。⑭昭：显著突出。⑮聿：语助词。怀：此处是招来的意思。⑯厥：其，他的。厥德：指文王小心侍奉上帝的品德。回：奸邪。⑰变：祸乱，凶兆。⑱由：此处是来源的意思。⑲臻：至，到。⑳无为：此处的意思是没有理由。㉑妖：妖象。此处指凶兆。㉒却：退。此处是消除的意思。㉓孔气：通过小孔的气，形容气极少。㉔四夷：古时对四方边远地区民族的称呼。诸夏：周代王室所分封的诸国。后来以此泛称中国。㉕殇子：未成年而死的人。㉖方伯：殷周时一方诸侯的领袖。㉗守：此处是监视的意思。㉘庸何：怎么。㉙引：自行承受。予：给予，归。㉚梓慎：春秋时鲁国大夫，善观天象。据《左传·昭公十七年》载，梓慎见到彗星经过心宿，就预言宋、卫、陈、郑四国要遭火灾。㉛有：通为。㉜鸿：通洪。㉝知：通智。㉞以：用。变：改变。此处指消除灾变。㉟命：指国家之命、王朝之命。㊱祅：同妖。妖气：王充认为人和万物都是由『气』构成，灾变也不例外，而且把构成灾变、不吉祥的气称作妖气。此处指不吉祥的征兆。㊲治：指善政。㊳太卜：官名。周代为掌管占卜的官员之长。㊴嘿：同默。对：回答上面的提问。㊵知：通智。

异虚篇

殷高宗之时，桑谷俱生于朝，七日而大拱[①]。高宗召其相而问之[②]，相曰：『吾虽知之，弗能言也。』问祖己[③]，祖己曰：『夫桑谷者，野草也，而生于朝，意朝亡乎！』高宗恐骇，侧身而行道[4]，思索先王之政，明养老之义[5]，兴灭国，继绝世，举佚民[6]。桑谷亡。三年之后，诸侯以译来朝者六国，遂享百年之福。高宗，贤君也，而感桑谷生，而问祖己，行祖己之言，修政改行，桑谷之妖亡，诸侯朝而年长久。修善之义笃，故瑞应之福渥。此虚言也。

祖己之言，『朝当亡』哉！夫朝之当亡，犹人当死。人欲死，怪出；国欲亡，期尽。人死命终，死不复生，亡不复存。祖己之言政，何益于不亡？高宗之修行，何益于除祸？夫家人见凶修善[8]，不能得吉；高宗见妖改政，安能除祸？除祸且不能，况能招致六国，延期至百年乎！故人之死生，在于命的夭寿，不在行之善恶；国之存亡，在期之长短，不在于政之得失。案祖己之占，桑谷为亡之妖，亡象已见，虽修孝行，其何益哉！何以效之？

鲁昭公之时，鸜鹆来巢。师己采文、成之世童谣之语[9]，有鸜鹆之言，见今有来巢之验，则占谓之凶。其后，昭公为季氏所逐，出于齐，国果空虚，都有虚验。故野鸟来巢，师己处之，祸意如占。使昭公闻师己之言，修行改政为善，居高宗之操，终不能消。何则？鸜鹆之谣已兆，出奔之祸已成也。鸜鹆之兆，已出于文、成之世矣。根生，叶安得不茂；源发，流安得不广。此尚为近[10]，未足以言之。夏将衰也，二龙战于庭，吐漦而去，夏王椟而藏之。夏亡，传于殷；殷亡，传于周，皆莫之发。至幽王之时，发而视之，漦流于庭，化为玄鼋[11]，走入后宫，与妇人交，遂生褒姒。褒姒归周，厉王惑乱，国遂灭亡。幽，厉王之去夏世，以为千数岁，二龙战时，幽、厉、褒姒等未为人也[12]，周亡之妖，已出久矣。妖出，祸安得不就？瑞见，福安得不至？若二龙战时言曰：『余褒之二君也[13]。』是则褒姒当生之验也。龙称褒，褒姒不得不生，生则厉王不得不恶，恶则国不得不亡。征已见，虽五圣十贤相与却之[14]，终不能消。善恶同实：善祥出，国必兴；恶祥见，朝必亡。谓恶异可以善行除，是谓善瑞可以恶政灭也。

河源出于昆仑[15]，其流播于九河[16]。使尧、禹却以善政[17]，终不能还者，水势当然，人事不能禁也。河源不可禁，二龙不可除，则桑谷不可却也。王命之当兴也，犹春气之当为夏也。其当亡也，犹秋气之当为冬也。见春之微叶，知夏有茎叶。睹秋之零实，知冬之枯萃⑱。桑谷之生，其犹春叶秋实也，必然犹验之。今详修政改行，何能除之？夫以周亡之祥，见于夏时，又何以知桑谷之生，不为纣亡出乎！或时祖己言之，信野草之占，失远近之实。高宗问祖己之后，侧身行道，六国诸侯偶朝而至，高宗之命自长未终，则谓起桑谷之问，改政修行，享百年之福矣。夫桑谷之生，殆为纣出。亦或时吉而不凶，故殷朝不亡，高宗寿长。祖己信野草之占，谓之当亡之征。

汉孝武皇帝之时⑲，获白麟⑳，戴两角而共珏，使谒者终军议之㉑。军曰：『夫野兽而共一角，象天下合同为一也。』麒麟野兽也，桑谷野草也，俱为野物，兽草何别，终军谓兽为吉，祖己谓野草为凶。高宗祭成汤之庙，有蜚雉升鼎而雊㉒。祖己以为远人将有来者㉓，说《尚书》家谓雉凶，议驳不同。且从祖己之言，雉来吉也。雉伏于野草之中，草覆野鸟之形，若民人处草庐之中，可谓其人吉而庐凶乎？民人入都，不谓之凶；野草生朝，何故不吉？雉则民人之类。如谓含血者吉㉔，长狄来至，是吉也，何故谓之凶？如以从夷狄来者不吉，介葛卢来朝㉕，是凶也。如以草木者为凶，朱草蓂荚出㉖，是不吉也。朱草蓂荚，皆草也，宜生于野而生于朝，是为不吉，何故谓之瑞？一野之物，来至或出，吉凶异议。朱草蓂荚善草，故为吉，则是以善恶为吉凶，不以都野为好丑也。周时天下太平，越尝献雉于周公㉗，高宗得之而吉㉘。雉亦草野之物，何以为吉？如以雉所分有似于士，则麃亦仍有似君子㉙，公孙术得白鹿㉚，占何以凶？然则雉之吉凶未可知，则夫桑谷之善恶未可验也。桑谷或善物，象远方之士将皆立于高宗之庙，故高宗获吉福，享长久也。

说灾异之家以为天有灾异者，所以谴告王者，信也。夫王者有过，异见于国；不改，灾见草木；不改，灾见于五谷；不改，灾至身。《左氏春秋传》曰：国之将亡，『鲜不五稔』。灾见于五谷，五谷安得熟？不熟，将亡之征。灾亦有且亡五谷不熟之应。天不熟，或为灾，或为福。祸福之实未可知，桑谷之言安可审？论说之家著于书记者皆云[31]：『天雨谷者凶。』书传曰：『苍颉作书，天雨谷，鬼夜哭。』此方凶恶之应和者[32]。天何用成谷之道，从天降而和，且犹谓之善，况所成之谷从雨下乎！极论订之[33]，何以为凶？夫阴阳和则谷稼成[34]，不则被灾害[35]。阴阳和者，谷之道也，何以谓之凶？丝成帛，缕成布。赐人丝缕，犹为重厚，况遗人以成帛与织布乎[36]！夫丝缕犹阴阳，帛布犹成谷也。赐人帛，不谓之恶，天与之谷何故谓之凶？夫雨谷吉凶未可定，桑谷之言未可知也。

使畅草生于周之时[37]，天下太平，人来献畅草。畅草亦草野之物也，与彼桑谷何异？如以夷狄献之则为吉，使畅草生于周家[38]，肯谓之善乎！夫畅草可以炽酿[39]，芬香畅达者，将祭灌畅降神[40]。设自生于周朝，与嘉禾、朱草、蓂荚之类不殊矣。然则桑亦食蚕，蚕为丝，丝为帛，帛为衣，衣以入宗庙为朝服，与畅无异，何以谓之凶？卫献公太子至灵台[41]，蛇绕左轮。御者曰：『太子下拜。吾闻国君之子，蛇绕车轮左者速得国。』太子遂不下，反乎舍。御人见太子，太子曰：『吾闻为人子者，尽和顺于君，不行私欲，共严承令[42]，不逆君安[43]。今吾得国，是君失安也。见国之利而忘君安，非子道也。得国而拜，其非君欲。废子道者不孝。逆君欲则不忠，而欲我之行，殆吾欲国之危明也。』投殿将死，其御止之不能禁，遂伏剑而死。夫蛇绕左轮，审为太子速得国，太子宜不死，献公宜疾薨。今献公不死，太子伏剑，御者之占，俗之虚言也。或时蛇为太子将死之妖，御者信俗之占，故失吉凶之实。夫桑谷之生，与蛇绕左轮相似类也。蛇至实凶，御者以为吉。桑谷实吉，祖己以为凶。

禹南济于江，有黄龙负舟，舟中之人，五色无主[44]。禹乃嘻笑而称曰：『我受命于天，竭力以劳万民。生，寄也；死，归也。死，归也，何足以滑和[45]。视龙犹蝘蜓也[46]。』龙去而亡。案古今龙至皆为吉，而禹独谓黄龙凶者，见其负舟，舟中之人恐也。夫以桑谷比于龙，吉凶虽反，盖相似。野草生于朝，尚为不吉[47]，殆有若黄龙负舟之异。故为吉而殷朝不亡[48]。

晋文公将与楚成王战于城濮[49]，彗星出楚，楚操其柄，以问咎犯[50]。咎犯对曰：『以彗斗，倒之者胜。』文公梦与成王搏，成王在上，盬其脑[51]。问咎犯，咎犯曰：『君得天而成王伏其罪，战必大胜。』文公从之，大破楚师。向令文公问庸臣，必曰『不胜。』何则？彗星无吉，搏在上无凶也。夫桑谷之占，占为凶，犹晋当彗末，搏在下为不吉也。然而吉者，殆有若对彗见天之诡[52]，故高宗长久，殷朝不亡。使文公不问咎犯，咎犯不明其吉，战以大胜，世人将曰：『文公以至贤之德，破楚之无道。天虽见妖，卧有凶梦，犹灭妖消凶以获福。』殷无咎犯之异知，而有祖己信常之占，故桑谷之文，传世不绝，转祸为福之言，到今不实。

【注释】

①拱：两手合围般粗细。②相：商代官名，相当于后代的宰相。③祖己：殷高宗武丁时的贤臣。④侧身：此处是形容小心谨慎。⑤明：阐明，弄清。⑥佚民：隐居不做官的人。⑦而：通能。⑧家人：指老百姓。⑨师已：春秋时鲁国大夫。文：鲁文公，名兴，春秋时鲁国国君，公元前626—前609年在位。成：鲁成公，名黑肱，春秋时鲁国国君，公元前590—前573年在位。⑩近：指预言与灾祸应验相距的时间短。⑪玄：黑色。鼋：通蚖，蜥蜴。⑫未为人：未成为人，这里是还没有出生的意思。⑬余：我们。褒：古时国名，也称有褒。姒姓。位于今陕西省勉县东南。褒之二君：褒国的两位君主，即褒国姒氏的两位祖先。⑭五圣十贤：形容圣贤很多。却：此处是阻止的意思。⑮河：黄河。昆仑：昆仑山。古时人认为黄河发源于昆仑山。⑯播：分散。九河：古时黄河从孟津向北便分为九条河道。⑰却：使退却，使倒退。⑱萃：通悴，憔悴。⑲汉孝武皇帝：即西汉武帝刘彻（公元前156—前87年）。西汉景帝之子。公元前140—前87年在位。⑳麟：麒麟，古时传说中的一种动物，其状如鹿，独角，全身鳞甲，尾似牛。多作为吉

祥的象征。㉑终军（?—公元前112年）：字子云，西汉济南（即今山东）人。十八岁被选为博士弟子，上书评论国事，武帝任为谒者给事中，迁谏大夫。后奉命赴南越（位于今两广地区），被杀。死时年仅二十多岁，时称『终童』。㉒蜚：通飞。雉：通称野鸡，又有叫山鸡的。㉓远人：此处指远方的使节。㉔含血者：有血气的东西。此处指人和其他动物。㉕介：春秋时的一个小国。地域在当今山东省胶县西南。葛卢：介国君主的名字。㉖朱草、蓂荚：古人认为是两种象征吉祥的草。㉗越尝：也作越裳，古代南方的一个民族。雉：野鸡。㉘高宗：此言周公得雉之吉，以证桑谷之祥，与高宗没有关系，故疑『高宗』是衍文。㉙枹：獐子。㉚公孙术：即公孙述（?—公元36年），字子阳，东汉初扶风茂陵（位于今陕西兴平东北）人。新莽时，做导江卒正（蜀郡太守）。后起兵，在益州称帝。汉光武帝建武十二年（公元36年）为汉军所破，被刘秀杀。鹿：据上文，疑『枹』之坏字。㉛书记：泛指书籍。㉜方：比拟：说明。应和：感应。㉝论：研究。订：考查。㉞阴阳和：此处指风调雨顺。㉟不：同否。被：蒙受。㊱遗：送，给。㊲畅草：同鬯草，指郁金草。古时酿造祭酒的作料。㊳周家：即周王朝廷。㊴炽：烹煮。炽酿：造酒。㊵灌：倒，洒。畅：指加进畅草后酿成的酒。㊶卫献公：名衎。春秋时卫国君主，公元前576—前559年及公元前546—前544年在位。灵台：春秋时各国筑于都城附近的高台，用来观天象，测吉凶。㊷共：通恭。㊸逆：此处是扰乱的意思。㊹五色无主：恐惧而神色不定。㊺滑：乱。和：平静。滑和：使平静被搅乱。㊻蝘蜓：也称『铜石龙子』，类似蜥蜴的爬行动物。生活在庭园内或郊野石缝、草丛间，捕食昆虫。㊼尚：同倘。故：通固，本来。㊾楚成王：名熊恽，春秋时楚国君主。公元前671—前626年在位。城濮：古时地名。位于今山东省鄄城西南临濮集，一说位于今河南省开封县陈留附近。公元前632年晋文公和齐、宋、秦等国联军，在此战败楚国军队。㊿咎犯：即狐偃，字子犯，春秋时晋国大夫，晋文公的舅舅，所以又称舅犯。(51)翕：吸饮。(52)对彗：是处于彗星尾端的意思。见天：是脸向上的意思。诡：奇异。

定贤篇

圣人难知，贤者比于圣人为易知。世人且不能知贤，安能知圣乎？世人虽言知贤，此言妄也。知贤何用？知之如何？以仕宦得高官身富贵为贤乎[1]？则富贵者天命也[2]。命富贵，不为贤；命贫贱，不为不肖。必以富贵效贤不肖，是则仕宦以才不以命也。

以事君调合寡过为贤乎？夫顺阿之臣，佞濯之徒是也[3]。准主而说[4]，适时而行，无廷逆之郄[5]，则无斥退之患。或骨体豔丽，面色称媚，上不憎而善生，恩泽洋溢过度，未可谓贤。

以朝庭选举皆归善为贤乎[6]？则夫著见而人所知者举多[7]，幽隐人所不识者荐少[8]，虞舜是也。尧求，则咨于鲧、共工，则岳已不得。由此言之，选举多少，未可以知实。或德高而举之少，或才下而荐之多。明君求善察恶于多少之间，时得善恶之实矣。且广交多徒，求索众心者，人爱而称之；清直不容乡党，志洁不交非徒[9]，失众心者，人憎而毁之。故名多生于知谢[10]，毁多失于众意。

齐威王以毁封即墨大夫[11]，以誉烹阿大夫[12]，即墨有功而无誉，阿无效而有名也。子贡问曰：『乡人皆好之，何如？』孔子曰：『未可也。』『乡人皆恶之，何如？』曰：『未可也。不若乡人之善者好之，其不善者恶之。』夫如是，称誉多而小大皆言善者[13]，非贤也。善人称之，恶人毁之，毁誉者半，乃可有贤。以善人所称，恶人所毁，可以知贤乎？夫如是，孔子之言可以知贤，不知誉此人也者贤？毁此人者恶也？或时称者恶而毁者善也！人眩惑无别也。

以人众所归附、宾客云合者为贤乎[14]？则夫人众所归附者，或亦广交多徒之人也，众爱而称之，则蚁附而归之矣[15]。或尊贵而为利，或好士下客[16]，折节俟贤[17]。信陵、孟尝、平原、春申，食客数千，称为贤君[18]。大将军卫青及霍去病，门无一客，称为名将。故宾客之会，在好下之君[19]，利害之贤。或不好士，不能为轻重，则众不归而士不附也。

以居位治人，得民心歌咏之为贤乎？则夫得民心者，与彼得士意者，无以异也。为虚恩拊循其民[20]，民之欲得，即喜乐矣。何以效之？齐田成子、越王勾践是也[21]。成子欲专齐政，以大斗贷、小斗收而民悦。勾践欲雪会稽之耻[22]，拊循其民，吊死问病而民喜[23]。二者皆自有所欲为于他，而伪诱属其民[24]，诚心不加[25]，而民亦说[26]。孟尝君夜出秦关，鸡未鸣而关不闿[27]，下坐贱客鼓臂为鸡鸣[28]，而鸡皆和之，关即闿，而孟尝得出。以鸡可以奸声感，则人亦可以伪恩动也。人可以伪恩动，则天亦可巧诈应也。动致天气[29]，宜以精神[30]，而人用阳燧取火于天[31]，消炼五石，五月盛夏，铸以为器[32]，乃能得火。今又但取刀、剑、恒铜钩之属，切磨以向日，亦得火焉。夫阳燧、刀、剑、钩能取火于日，恒非贤圣亦能动气于天。若董仲舒信土龙之能致云雨，盖亦有以也。夫如是，应天之治，尚未可谓贤，况徒得人心，即谓之贤，如何？

以居职有成功见效为贤乎？夫居职何以为功效？以人民附之，则人民可以伪恩说也[33]。阴阳和[34]，百姓安者，时也[35]。时和，不肖遭其安[36]；不和，虽圣逢其危。如以阴阳和而效贤不肖，则尧以洪水得黜，汤以大旱为殿下矣[37]。如功效谓事也，身为之者，功著可见；以道为计者[38]，效没不章[39]。鼓无当于五音，五音非鼓不和。师无当于五服[40]，五服非师不亲。水无当于五采，五采非水不章，道为功本，功为道效，据功谓之贤，是则道人之不肖也。高祖得天下，赏群臣之功，萧何为赏首。何则？高祖论功，比猎者之纵狗也。狗身获禽，功归于人。群臣手战，其犹狗也；萧何持重，其犹人也。必据成功谓之贤，是则萧何无功。功赏不可以效贤[41]，一也。

夫圣贤之治世也有术，得其术则功成，失其术则事废。譬犹医之治病也，有方，笃剧犹治[42]；无方，才微不愈。夫方犹术，病犹乱，医犹吏，药犹教也。方施而药行，术设而教从，教从而乱止，药行而病愈。治病之医，未必惠于不为医者。然而治国之吏，未必贤于不能治国者，偶得其方，遭晓其术也。治国须术以立功，亦有时当自乱，虽用术，功终不立者；亦有时当自安，虽无术，功犹成者。故夫治国之人，或得时而功成，或失时而无效。术人能因时以立功，不能逆时以致安。良医能治未当死之人命，如命穷寿尽，方用无验矣。故时当乱也，尧、舜用术不能立功；命当死矣，扁鹊行方不能愈病。

射御巧技，百工之人[43]，皆以法术，然后功成事立，效验可见。观治国，百工之类也；功立，犹事成也。谓有功者贤，是谓百工皆贤人也。赵人吾丘寿王[44]，武帝时待诏[45]，上使从董仲舒受《春秋》[46]，高才，通明于事，后为东郡都尉[47]。上以寿王之贤，不置太守。时军发，民骚动，岁恶，盗贼不息。上赐寿王书曰：『子在朕前时，辐凑并至[48]，以为天下少双，海内寡二，至连十余城之势，任四千石之重[49]，而盗贼浮船行攻取于库兵[50]，甚不称在前时，何也？』寿王谢言难禁。复召为光禄大夫，常居左右，论事说议，无不是者。才高智深，通明多见，然其为东郡都尉，岁恶，盗贼不息，人民骚动，不能禁止。不知寿王不得治东郡之术邪？亡将东郡适当复乱[51]，而寿王之治偶逢其时也？

夫以寿王之贤，治东郡不能立功，必以功观贤，则寿王弃而不选也。恐必世多如寿王之类，而论者以无功不察其贤。燕有谷，气寒，不生五谷。邹衍吹律致气，既寒更为温，燕以种黍，黍生丰熟，到今名之曰：『黍谷』。夫和阴阳，当以道德至诚。然而邹衍吹律，寒谷更温，黍谷育生。推此以况诸有成功之类，有若邹衍吹律之法。故得其术也，不肖无不能；失其数也[52]，贤圣有不治。此功不可以效贤，二也。

人之举事，或意至而功不成，事不立而势贯山[53]。荆轲、医夏无且是矣[54]。荆轲入秦之计，本欲劫秦王生致于燕，邂逅不偶[55]，为秦所擒。当荆轲之逐秦王，秦王环柱而走，医夏无且以药囊提荆轲。既而天下名轲为烈士，秦王赐无且金二百镒。夫为秦所擒，生致之功不立，药囊提刺客，益于救主[56]，然犹称赏者，意至势盛也。天下之士不以荆轲功不成，不称其义，秦王不以无且无见效，不赏其志。志善不效成功，义至不谋就事。义有余，效不足，志巨大而功细小，智者赏之，愚者罚之。必谋功不察志，论阳效不存阴计，是则豫让拔剑斩襄子之衣[57]，不足识也；伍子胥鞭笞平王尸[58]，不足载也；张良椎始皇误中副车，不足记也。三者道地不便，计画不得，有其势而无其功，怀其计而不得为其事。是功不可以效贤，三也。

以孝于父、弟于兄为贤乎[59]？则夫孝弟之人，有父兄者也，父兄不慈，孝弟乃章[60]。舜有瞽瞍[61]，参有曾晳[62]，孝立名成，众人称之。如无父兄，父兄慈良，无章显之效，孝弟之名，无所见矣。忠于君者，亦与此同。龙逢、比干忠著夏、殷，桀、纣恶也；稷、契、皋陶忠暗唐、虞，尧、舜贤也。故萤火之明，掩于日月之光；忠臣之声，蔽于贤君之名。死君之难，出命捐身，与此同。臣遭其时，死其难，故立其义而获其名。大贤之涉世也，『翔而有集』，『色斯而举』；乱君之患，不累其身；危国之祸，不及其家，安得逢其祸而死其患乎？

齐詹问于晏子曰[63]：『忠臣之事其君也，若何？』对曰：『有难不死，出亡不送。』詹曰：『列地而予之[64]，疏爵而贵之，君有难不死，出亡不送，可谓忠乎？』对曰：『言而见用，臣奚死焉？谏而见从，终身不出，臣奚送焉？若言不见用，有难而死，是妄死也；谏而不见从，出亡而送，是诈伪也。故忠臣者能尽善于君，不能与尽陷于难。』案晏子之对以求贤于世，死君之难，立忠节者不应科矣。是故大贤寡可名之节，小贤多可称之行。

可得䇲者小[65]，而可得量者少也。恶至大，䇲弗能；数至多，升斛弗能[66]。有小少易名之行，又发于衰乱易见之世，故节行显而名声闻也。浮于海者，迷于东西，大也；行于沟，咸识舟楫之迹，小也。小而易见，衰乱亦易察。故世不危乱，奇行不见；主不悖惑[67]，忠节不立。鸿卓之义，发于颠沛之朝；清高之行，显于衰乱之世。

以全身免害，不被刑戮，若南容惧『白圭』者为贤乎[68]？则夫免于害者幸，而命禄吉也[69]，非才智所能禁，推行所能却也[70]。神蛇能断而复属[71]，不能使人弗断。圣贤能困而复通，不能使人弗害。南容能自免于刑戮，公冶以非罪在缧绁[72]，伯玉可怀于无道之国，文王拘羑里，孔子厄陈、蔡，非行所致之难，掩己而至，则有不得自免之患，累己而滞矣[73]。夫不能自免于患者，犹不能延命于世也。命穷，贤不能自续；时厄，圣不能自免。

以委国去位、弃富贵就贫贱为贤乎？则夫委国者，有所迫也。若伯夷之徒，昆弟相让以国，耻有分争之名，及大王亶甫重战其故民[74]，皆委国及去位者，道不行而志不得也。如道行志得，亦不去位。故委国去位，皆有以也，谓之为贤，无以者，可谓不肖乎？且有国位者，故得委而去之，无国位者何委？夫割财用及让下受分[75]，与此同实。无财何割？口饥何让？『仓廪实，民知礼节；衣食足，知荣辱。』让生于有余，争生于不足。人或割财助用，袁将军再与兄子分家财[76]，多有以为恩义。昆山之下[77]，以玉为石；彭蠡之滨，以鱼食犬豕[78]。使推让之人，财若昆山之玉、彭蠡之鱼，家财再分，不足为也。韩信寄食于南昌亭长，何财之割？颜渊箪食瓢饮，何财之让？管仲分财取多，无谦让之节，贫乏不足，志义废也。

以避世离俗，清身洁行为贤乎？是则委国去位之类也。富贵人情所贪，高官大位人之所欲乐，去之而隐，生不遭遇[79]，志气不得也。长沮、桀溺避世隐居，伯夷、於陵去贵取贱[80]，非其志也。

恬憺无欲[81]，志不在于仕，苟欲全身养性为贤乎？是则老聃之徒也。道人与贤殊科者，忧世济民于难，是以孔子栖栖[82]，墨子遑遑[83]。不进与孔、墨合务，而还与黄、老同操，非贤也。

以举义千里[84]，师将朋友无废礼为贤乎[85]？则夫家富财饶，筋力劲强者能堪之。匮乏无以举礼，羸弱不能奔远[86]，不能任也。是故百金之家，境外无绝交[87]；千乘之国[88]，同盟无废赠，财多故也。使谷食如水火，虽贪吝之人，越境而布施矣[89]。故财少则正礼不能举一，有余则妄施能于千，家贫无斗筲之储者[90]，难责以交施矣。举担千里之人，材策越疆之士[91]，手足胼胝[92]，面目骊黑[93]，无伤感不任之疾[94]，筋力皮革必有与人异者矣。推此以况为君要证之吏，身被疾痛而口无一辞者，亦肌肉骨节坚强之故也。坚强则能隐事而立义，软弱则诬时而毁节。豫让自贼，妻不能识；贯高被乂，身无完肉。实体有不与人同者，则其节行有不与人钧者矣。

以经明带徒聚众为贤乎？则夫经明，儒者是也。儒者，学之所为也。儒者学；学，儒矣。传先师之业，习口说以教，无胸中之造，思定然否之论。邮人之过书[95]，门者之传教也[96]，封完书不遗[97]，教审令不遗误者[98]，则为善矣。传者传学，不妄一言，先师古语，到今具存，虽带徒百人以上，位博士、文学，邮人、门者之类也。

以通览古今，秘隐传记无所不记为贤乎[99]？是则传者之次也[100]。才高好事，勤学不舍，若专成之苗裔[101]，有世祖遗文，得成其篇业，观览讽诵。若典官文书，若太史公及刘子政之徒[102]，有主领书记之职，则有博览通达之名矣。

以权诈卓谲[103]，能将兵御众为贤乎？是韩信之徒也。战国获其功[104]，称为名将；世平能无所施，还入祸门矣。『高鸟死，良弓藏；狡兔得，良犬烹。』权诈之臣，高鸟之弓、狡兔之犬也。安平身无宜，则弓藏而犬烹[105]。安平之主，非弃臣而贱士，世所用助上者，非其宜也。向令韩信用权变之才，为若叔孙通之事，安得谋反诛死之祸哉？有功强之权[106]，无守平之智，晓将兵之计，不见已定之义，居平安之时，为反逆之谋，此其所以功灭国绝，不得名为贤也。

辩于口[107]，言甘辞巧为贤乎？则夫子贡之徒是也。子贡之辩胜颜渊，孔子序置于下[108]。实才不能高，口辩机利，人决能称之。夫自文帝尚多虎圈啬夫[109]，少上林尉[110]，张释之称周勃、张相如，文帝乃悟。夫辩于口，虎圈啬夫之徒也，难以观贤。

以敏于笔，文墨两集为贤乎[111]？夫笔之与口，一实也。口出以为言，笔书以为文。口辩，才未必高；然则笔敏，知未必多也[112]。且笔用何为敏？以敏于官曹事[113]？事之难者莫过于狱，狱疑则有请谳[114]。盖世优者莫过张汤，张汤文深[115]，在汉之朝，不称为贤。太史公序累，以汤为酷，酷非贤者之行。鲁林中哭妇，虎食其夫，又食其子，不能去者，善政不苛，吏不暴也。夫酷，苛暴之党也，难以为贤。

以敏于赋、颂[116]，为弘丽之文为贤乎？则夫司马长卿、杨子云是也。文丽而务巨[117]，言眇而趋深[118]，然而不能处定是非，辩然否之实[119]。虽文如锦绣，深如河、汉，民不觉知是非之分，无益于弥为崇实之化[120]。

以清节自守，不降志辱身为贤乎？是则避世离俗，长沮、桀溺之类也。虽不离俗，节与离世者钧，清其身而不辅其主，守其节而不劳其民。大贤之在世也，时行则行[121]，时止则止[122]，铨可否之宜，以制清浊之行。子贡让而止善[123]，子路受而观德。夫让，廉也；受则贪也。贪有益，廉有损，推行之节[124]，不得常清眇也[125]。伯夷无可，孔子谓之非。操违于圣[126]，难以为贤矣。

或问于孔子曰[127]：『颜渊何人也？』曰：『仁人也，丘不如也。』『子贡何人也？』曰：『辩人也，丘弗如也。』『子路何人也？』曰：『勇人也，丘弗如也。』客曰：『三子者皆贤于夫子，而为夫子服役，何也？』孔子曰：『丘能仁且忍，辩且诎[128]，勇且怯。以三子之能，易丘之道，弗为也。』孔子知所设施之矣。有高才洁行，无知明以设施之，则与愚而无操者同一实也。

夫如是，皆有非也。无一非者，可以为贤乎？是则乡原之人也[129]。孟子曰：『非之，无举也；刺之，无刺也。同于流俗，合于污世，居之似忠信，行之似廉洁，众皆说之，自以为是，而不可与入尧、舜之道。故孔子曰：「乡原，德之贼也。」』似之而非者，孔子恶之。

夫如是，何以知实贤？知贤竟何用？世人之检，苟见才高能茂，有成功见效，则谓之贤。若此甚易，知贤何难？《书》曰：『知人则哲，惟帝难之。』据才高卓异者则谓之贤耳，何难之有？然而难之，独有难者之故也。夫虞舜不易知人，而世人自谓能知贤，误也。

然则贤者竟不可知乎？曰：易知也。而称难者，不见所以知之则难，圣人不易知也，及见所以知之，中才而察之。譬犹工匠之作器也，晓之则无难，不晓则无易。贤者易知于作器，世无别，故真贤集于俗士之间。俗士以辩惠之能[130]，据官爵之尊，望显盛之宠，遂专为贤之名。贤者还在闾巷之间，贫贱终老，被无验之谤。

若此，何时可知乎？然而必欲知之，观善心也。夫贤者，才能未必高也而心明，智力未必多而举是[131]。何以观心？必以言。有善心，则有善言。以言而察行，有善言则有善行矣。言行无非，治家亲戚有伦[132]，治国则尊卑有序。无善心者，白黑不分，善恶同伦，政治错乱，法度失平。故心善，无不善也；心不善，无能善。心善则能辩然否。然否之义定，心善之效明，虽贫贱困穷，功不成而效不立，犹为贤矣。

故治不谋功，要所用者是；行不责效，期所为者正。正是审明，则言不须繁，事不须多。故曰：『言不务多，务审所谓；行不务远，务审所由。』言得道理之心，口虽讷不辩[133]，辩在胸臆之内矣。故人欲心辩，不欲口辩。心辩则言丑而不违，口辩则辞好而无成。

孔子称少正卯之恶曰[134]：『言非而博，顺非而泽。』内非而外以才能饬之[135]，众不能见，则以为贤。夫内非外饬是，世以为贤，则夫内是外无以自表者，众亦以为不肖矣。是非乱而不治，圣人独知之。人言行多若少正卯之类，贤者独识之。世有是非错缪之言[136]，亦有审误纷乱之事。决错缪之言，定纷乱之事，唯贤圣之人为能任之。圣心明而不暗，贤心理而不乱。用明察非，并无不见；用理铨疑，疑无不定。

与世殊指[137]，虽言正是，众不晓见。何则？沉溺俗言之日久，不能自还以从实也[138]。是故正是之言，为众所非；离俗之礼，为世所讥。《管子》曰[139]：『君子言堂满堂，言室满室。』怪此之言，何以得满？如正是之言出，堂之人皆有正是之知，然后乃满。如非正是[140]，人之乖丙异[141]，安得为满？夫歌曲妙者，和者则寡；言得实者，然者则鲜。

和歌与听言，同一实也。曲妙人不能尽和，言是人不能皆信。『鲁文公逆祀，去者三人；定公顺祀[142]，畔者五人。』贯于俗者，则谓礼为非。晓礼者寡，则知是者希。君子言之，堂室安能满？

夫人不谓之满，世则不得见口谈之实语，笔墨之余迹，陈在简策之上，乃可得知。故孔子不王，作《春秋》以明意。案《春秋》虚文业[143]，以知孔子能王之德。孔子，圣人也，有若孔子之业者，虽非孔子之才，斯亦贤者之实验也。夫贤与圣同轨而殊名，贤可得定，则圣可得论也。

问：『周道不弊[144]，孔子不作《春秋》。《春秋》之作，起周道弊也。如周道不弊，孔子不作者，未必无孔子之才，无所起也。夫如是，孔子之作《春秋》，未可以观圣；有若孔子之业者，未可知贤也？』

曰：周道弊，孔子起而作之，文义褒贬是非[145]，得道理之实，无非僻之误，以故见孔子之贤，实也。夫无言则察之以文，无文则察之以言。设孔子不作，犹有遗言，言必有起，犹文之必有为也。观文之是非，不顾作之所起，世间为文者众矣，是非不分，然否不定，桓君山论之[146]，可谓得实矣。论文以察实，则君山汉之贤人也。陈平未仕[147]，割肉闾里，分均若一，能为丞相之验也。夫割肉与割文，同一实也。如君山得执汉平[148]，用心与为论不殊指矣。孔子不王，素王之业在于《春秋》。然则桓君山，素丞相之迹存于《新论》者也。

【注释】

①仕宦：做官。②天命：即命，分为『寿命』和『禄命』两种。③佞：谄媚逢迎。佞濮之徒：谄媚逢迎而得到宠幸的人。④准主：揣摩君王的意图。⑤郄：同隙。间隙，隔阂。⑥庭：通廷。选举：汉代由皇帝下诏书规定中央和地方的主要官吏选拔、举荐人才。归善：称赞。⑦见：同现。这里指出头露面。⑧幽：不著名。隐：潜藏，指不出头露面。⑨非徒：指和自己志向不同的人。⑩谢：拜赐，笼络。⑪齐威王：战国时齐国国君，公元前356—前320

年在位。姓田，名因齐，齐桓公之子。继位后，致力于修政整军，任用邹忌为相，田忌为将，孙膑为军师，又罢黜奸吏，从而国势日强。经桂陵（今河南长垣西北）、马陵（今河南范县西）二役，大败魏军，开始称雄诸侯。他还在临淄稷门外大兴稷下之学，招纳各国学者、游士，开展『百家争鸣』，极一时之盛。封：赐给封地。即墨：齐国邑名，位于今山东平度县东南。大夫：治理一邑的地方长官，相当于后来的县令。⑫阿：齐国邑名，在今山东阳谷县东北。⑬小大：年少的和年老的，泛指所有的人。⑭云合：像云一样聚合，喻人极多。⑮蚁附：像蚂蚁聚集在一起，喻归附的人很多。⑯士：指读书人或有才能有胆识的人。下客：以谦逊的态度对待宾客。⑰折：屈，这里指改变。节：这里指贵族的架子、高傲的态度。俟：等待。⑱君：封君，有封地的贵族。⑲好下之君：好士下客的封君。⑳拊：保护，扶养。拊循：抚慰，安抚。㉑田成子：即田常。㉒会稽：山名。勾践为吴国打败后曾被困于此。㉓吊死：慰问死者的亲属。㉔诱属：诱致，引诱招致。㉕加：施加。㉖说：通悦。㉗闿：开。㉘下坐：地位低下的人的席位。贱客：指食客。鼓臂为鸡鸣：据十五卷本应作『鼓掌伪鸣』。鼓掌伪鸣：在嘴边运动手掌学鸡叫。㉙天气：指气象的变化。㉚精神：指精诚，诚心诚意。按：王充反对精神可以感动天，这里是指鼓吹『天人感应』者的说法。㉛阳燧：古代向日取火用的凹面铜镜。㉜器：指阳燧。㉝说：通悦。取悦，讨好。㉞阴阳和：阴阳之气调和，指风调雨顺等。王充认为国家的治乱是由自然条件决定的。㉟时：时势，时运。㊱不肖：此指不成材的统治者。㊲殿：古代对官吏进行考核，不称职的称为殿。㊳道：此指『先王之道』。关于道和事的关系，王充有专门的论述。㊴章：同彰。明显，众所周知。㊵五服：指五种不同名称的丧服，这里泛指各种亲属关系。㊶『赏』字疑为衍文，『功』字上脱一『是』字。本作『是功不可以效贤，一也。』与下文『此功不可以效贤，二也』，『是功不可以效贤，三也』，文法一致。㊷笃剧：病情严重。㊸百工：泛指各种手工业。㊹吾丘寿王：姓吾丘（即『虞邱』），名寿王，汉武帝时人。㊺待诏：

皇帝的近侍官。㊻上：皇上，指汉武帝。受：从师受业，学习。㊼东郡：郡名，在今河南东北部及山东西南部。都尉：汉代负责郡中军事的长官。㊽辐：车轮上的辐条。凑：通辏。车轮的辐条聚集到轮子的中心。辐凑并至：这里形容吾丘寿王富于谋略。㊾四千石：太守、都尉的年俸都是二千石，因为吾丘寿王身兼二职，所以称他为四千石。㊿库兵：库中的兵器。51亡：通无。选择连词。亡将：或是，还是。52数：度数，气数，定数。王充认为，世事的变迁，个人的遭遇，与天象的运行，岁时节候的变化相应，都有一定的度数，是由一种神秘的自然力量注定的，人力是改变不了的。53贯：贯穿，这里指震撼。54夏无且：秦王政的御医，在荆轲刺秦王时，用药囊投掷荆轲，保护秦王。55邂逅：偶尔，一旦。56据上下文义，『益』字前应有『无』字。57据说，他谋刺赵襄子未遂而被俘后，要求用剑砍赵襄子的衣服，以表达替智伯报仇的心意，赵襄子满足了他的要求。襄子：赵无恤。58伍子胥：伍员。平王：楚平王。59弟：同悌。尊敬兄长。60章：同彰。显著，出名。61舜有瞽瞍：传说舜的父亲瞽瞍几次想谋害舜，但舜还是对他竭尽孝道。62参有曾皙：曾参的父亲曾皙经常虐待他，但他仍然非常孝顺父亲。63齐侯：指齐景公。下文『詹曰』的『詹』字同此。64列：通裂。分。65箠：章士钊说，当为『筭』字之形误，下同。筭：筹码，古代计数用的器具。66斛：古代容量单位，汉代以十斗为一斛。67悖惑：昏庸，胡作非为。68南容：南宫适，字子容。白圭：原指君王及大臣行礼时拿在手中的一种玉器，大意是：白圭上的污点可以磨掉，言语中的错误却无法挽回。惧白圭：指南宫适被用白圭作比喻的诗句所震惊。69命禄：即禄命。70推：据文义，疑当作『操』方可通。71属：连接。72缧绁：捆绑犯人的绳索，后喻监狱。73累：牵累，损害。滞：阻滞，这里指处于困境。74大王：即太王。大王亶甫：古公亶甫。重战：不轻易开战。75让下受分：让在下位的人得到分给的财物。76袁将军：名字及生平事迹皆不详。77昆山：传说中盛产玉石的山。78食：通饲。79遇：遇合，指受到君王的赏识重用。80於陵：战国时齐国地名。这里指隐居于於陵的陈仲子，亦即於陵仲子。(81)依文例，句前当有『以』字。憺：通澹。恬憺：清静无为。(82)栖栖：忙碌不安的样子。(83)遑遑：匆忙不安定的样子。(84)举义千里：东汉时盛行重视『名节』『义气』的风气，如果老师、知交或赏识提拔自己的长官遭遇死亡、判罪、流放等，门徒、好友、属吏就要远道奔丧、护送，叫作『举义千里』或『千里赴义』。能这样做的人，声望就会增高。(85)将：泛指长官。(86)羸弱：瘦弱多病。(87)境：指郡、县或诸侯国的境界。(88)千乘之国：泛指国势强大的国家。(89)布施：以财物与人。(90)筲：古代盛饭的竹器，可容一斗二升（一说五升）。(91)材：当为『杖』之误字。杖策：手拿马鞭。(92)胼胝：手或脚上磨起硬皮老茧。(93)骊：黑色。(94)伤感：感染疾病。(95)邮人：传递文书的差役。(96)门者：守门人。教：教令，长官的指示和命令。(97)封：古代递送的文件，用绳子捆扎后，在绳结上用泥封住，盖上印章，叫作『封泥』或『泥封』。(98)审：明白，清楚。(99)秘隐传记：指珍贵罕见的历史典籍文献。(100)传：当是『儒』字之误。(101)专成：即『专城』，指地方长官或有封地的人。又『专成』可能是『容成』之误。容成是传说中黄帝的史官。(102)刘子政：刘向。(103)卓谲：奇异，变化多端。(104)战国：谓国家处于战乱的时代。(105)大：当作『犬』，形近而误。(106)功：据文义当为『攻』。『功强』与『守平』对文。(107)据本篇文例，句首应补『以』字。(108)孔子序置于下：孔子把自己的得意门徒分为四类，颜渊排在第一类（德行），子贡排在第二类（言语）。(109)文帝：汉文帝。多：称赞。虎圈：皇帝园林中养虎的地方。啬夫：管理虎圈的小吏。(110)少：斥责。上林尉：管理供皇帝游猎的上林苑的官吏。(111)文墨雨集：形容文思敏捷，落笔快得像雨点洒下来一样。(112)知：通智。(113)曹：汉代官府中分科办事的部门。(114)谳：审判定罪。请谳：汉代下级官吏遇到疑难案件不能决断，请求上级机关审核定案，称为『请谳』。(115)文深：指制定或援用法律条文非常苛刻。(116)赋、颂：古代的两类文体。(117)务：事务。这里指作品。(118)眇：通妙。精微。(119)辩：通辨。分别，区别。(120)弥：通弭。止。为：通伪。(121)行：行动，指出来做官。(122)止：停止，指去官隐居。(123)子贡让而止善：

鲁国法令规定，谁要是赎回一个在国外当奴隶的人，就可以从官府中领一笔钱作为补偿。子贡赎了一个人，却没有领钱。孔子批评说，要是开了这个先例，以后就不会有赎人的人了，因为赎人白花钱，不补偿，一般人是不愿干的。⑫推：拒绝，这里指『让』。行：可行，这里指『受』。⑫眇：通杪，高。⑫操：指『清节自守，不降志辱身』的操行。圣：指孔子。127或：有人。这里指孔子的学生子夏。⑫诎：言语迟钝。⑫乡原：亦称『乡愿』。指乡里的言行不符、伪善欺世的人。⑬惠：通慧。⑬依上句文例，『多』字后应有『也』字。⑬伦：人伦。中国古代指人与人之间的关系和应当遵守的行为准则。此指尊卑长幼之间的关系，如君臣、父子、夫妇、兄弟、朋友等关系。依下句文例，『治家』后当有『则』字。⑬讷：说话迟钝。⑬少正卯：春秋末鲁国人。⑬饬：通饰。⑬缪：通谬。错误。⑬指：通旨。意旨，意见。⑬还：归，返。这里指摆脱。⑬《管子》：书名。托名春秋时期齐国政治家管仲著，实际上是后人汇集管仲的言行并加以发挥和补充编成的一部书。⑭正是：指『正是之知』。⑭丏：乃刺之俗体。⑭定公：鲁定公，春秋时鲁国国君，公元前509—前495年在位。顺祀：按照礼法进行祭祀，即把鲁僖公的牌位移到鲁闵公之下。⑭虚文：指没有得到实行而只是见于文字的政治主张。⑭周道：指西周奴隶制的礼仪制度。⑭文义：指《春秋》的思想内容。⑭桓君山：桓谭。⑭陈平：汉高祖的主要谋臣。⑭平：衡，指秤。执汉平：指在汉朝廷掌握治理国家的大权。

第二章 道家

道家概述

道家是战国时期的重要学派之一。它的代表人物是：老子、庄子、列子。主要作品有：《老子》《庄子》《列子》。道家以老子『道』的学说作为理论基础，崇尚『道法自然』和『顺其自然』，认为天道无为，万物应自然而生。在政治上主张『无为而治』和『小国寡民』。道家思想对中国古代文化的影响可以说与儒家思想并驾齐驱，它在中国文化、艺术、绘画、雕刻、医药养生等方面都占有主导地位。老子之后的道家思想，发展为不同的派别，影响比较大的主要有庄子学派、杨朱学派、宋尹学派和黄老学派。

《老子》

【导读】

《老子》又名《道德经》《道德真经》《老子五千文》。作者老子（约前575—？），姓李，名耳，字聃。我国古代最伟大的哲学家和思想家之一，道家学派的创始人。相传为春秋末期楚国苦县历乡曲仁里（现在的河南省鹿邑东）人。曾任周朝的守藏室史（皇室图书馆馆长）。

《老子》分为上下两篇，共81章，前37章为上篇『道经』，从第38章开始是下篇『德经』。《老子》的思想结构是：道是德的『体』，德是道的『用』。。全书共五千字左右。《老子》一书的精华所在就是朴素的辩证法，主张无为而治，对中国哲学的发展具有深刻的影响。

为阅读方便，现将《老子》全文按次序分成五篇。第一篇由第一章到十六章，提出了『道』及『无』的概念。

第一章　道可道[1]，非常道；名可名[2]，非常名。无，名天地之始；有，名万物之母。故常无，欲以观其妙；常有，欲以观其徼[3]。此两者，同出而异名，同谓之玄。玄之又玄，众妙之门。

第二章　天下皆知美之为美，斯[4]恶已；皆知善之为善，斯不善已。有无相生，难易相成，长短相形，高下相盈，音声相和，前后相随，是以圣人处无为之事，行不言之教；万物作[5]而不为始，生而不有，为而不恃[6]，功成而弗居。夫唯弗居，是以不去。

第三章　不尚[7]贤，使民不争；不贵难得之货，使民不为盗；不见可欲，使民心不乱。是以圣人之治，虚其心，实其腹，弱其志，强其骨。常使民无知无欲。使夫智者不敢为也。为无为，则无不治。

第四章　道冲[8]而用之或不盈。渊[9]兮，似万物之宗；挫其锐，解其纷，和其光，同其尘。湛兮，似或存。吾不知谁之子，象帝[10]之先。

第五章　天地不仁，以万物为刍狗[11]；圣人不仁，以百姓为刍狗。天地之间，其犹橐籥[12]乎！虚而不屈，动而愈出。多言数穷，不如守中。

第六章　谷神[13]不死，是谓玄牝[14]。玄牝之门，是谓天地根。绵绵[15]若存，用之不勤。

第七章　天长地久。天地所以能长且久者，以其不自生，故能长生。是以圣人后其身而身先；外其身而身存。非以其无私邪？故能成其私。

第八章　上善若水。水善利万物而不争，处众人之所恶，故几于道。居善地，心善渊，与善仁，言善信，政善治，事善能，动善时。夫唯不争，故无尤[16]。

第九章　持而盈之，不如其已；揣[17]而棁[18]之，不可长保。金玉满堂，莫之能守；富贵而骄，自遗其咎。功遂身退，天之道也。

第十章　载营魄[19]抱一，能无离乎？专气致柔，能如婴儿乎？涤除玄览[20]，能无疵[21]乎？爱民治国，能无为乎？天门开阖[22]，能无[23]雌乎？明白四达，能无知乎。生之畜[24]之。生而不有，为而不恃，长而不宰，是谓玄德。

第十一章　三十辐，共一毂[25]，当其无，有车之用。埏埴[26]以为器，当其无，有器之用。凿户牖[27]以为室，当其无，有室之用。故有之以为利，无之以为用。

第十二章　五色[28]令人目盲；五音[29]令人耳聋；五味[30]令人口爽；驰骋畋猎，令人心发狂；难得之货，令人行妨[31]。是以圣人为腹不为目，故去彼取此。

第十三章　宠辱若惊，贵[32]大患若身。何谓宠辱若惊？宠为下，得之若惊，失之若惊，是谓宠辱若惊。何谓贵大患若身？吾所以有大患者，为吾有身，及吾无身，吾有何患？故贵以身为天下，若可寄天下；爱以身为天下，若可托天下。

第十四章　视之不见，名曰夷；听之不闻，名曰希；搏[33]之不得，名曰微。此三者不可致诘[34]，故混而为一。其上不皦[35]，其下不昧[36]，绳绳[37]兮不可名，复归于无物，是谓无状之状，无物之象，是谓惚恍。迎之不见其首，随之不见其后。执古之道，以御今之有，能知古始，是谓道纪。

第十五章　古之善为士者，微妙玄通，深不可识。夫唯不可识，故强为之容。豫[38]兮若冬涉川，犹[39]兮若畏四邻，俨[40]兮其若客，涣[41]兮其若释，敦兮其若朴，旷兮其若谷，混兮其若浊；孰能浊以静之徐清；孰能安以动之徐生。保此道者，不欲盈。夫唯不盈，故能蔽而新成。

第十六章　致虚极，守静笃[42]。万物并作，吾以观复。夫物芸芸，各复归其根。归根曰静，静曰复命。复命曰常，知常曰明。不知常，妄作凶。知常容，容乃公，公乃全，全乃天，天乃道，道乃久，没身不殆。

【注释】

①道：说，说述。②名：称说，形容。③徼：端倪，边际。④斯：则，乃。⑤作：兴起。⑥恃：自负。⑦尚：重视，崇尚。⑧冲：通『盅』，空虚。⑨渊：深邃，深沉。⑩象帝：指天帝。⑪刍狗：古代祭祀时用草扎成的狗。⑫橐籥：古代冶炼时用来鼓风吹火的装置，功效如今天的风箱。⑬谷神：解释主要有三种：第一，谷，山谷；神，一种渺茫恍惚无形之物。谷神即指空虚无形而变化莫测、永恒不灭的『道』。第二，谷，生养。谷神谓生养之神，亦即『道』。第三，谷，保养。神，指五脏神。⑭玄牝：河上公注：『玄，天也，于人为鼻；牝，地也，于人为口。』后玄牝指人的鼻和口。⑮绵绵：连续不断的样子。⑯尤：过失，过错。⑰揣：捶击。⑱棁：通『锐』。锐利。⑲营魄：魂魄。⑳玄览：犹玄镜，指人的内心。㉑疵：指过失，缺点。㉒开阖：开启与闭合。㉓无：本作『为』。俞樾认为这是在流传过程中的抄写错误。王弼、河上公等人皆按『为』注。㉔畜：养育。㉕毂：车轮的中心部位，周围与车辐的一端相接，中有圆孔，用以插轴。㉖埏埴：和泥制作陶器。㉗牖：窗户。㉘五色：青、赤、白、黑、黄五种颜色。㉙五音：即我国古代的宫、商、角、徵、羽五个音阶。㉚五味：指酸、甜、苦、辣、咸五种味道。㉛妨：伤害，损害。㉜贵：崇尚，重视，以为宝贵。㉝搏：握，抓。㉞致诘：究问，推究。㉟皦：光亮洁白。㊱昧：昏暗。㊲绳绳：众多的样子。㊳豫：犹豫。㊴犹：踌躇疑虑的样子。㊵俨：恭敬，庄重。㊶涣：离散。㊷笃：甚，达到高度。

第二篇由十七章到三十二章。主要论述『道常无名』『惟恍惟惚』的状态以及要回归『绝圣弃智』的自然境界。

第十七章　太上[①]，下[②]知有之；其次，亲而誉之；其次，畏之；其次，侮之。信不足焉，有不信焉。悠[③]兮其贵言。功成事遂，百姓皆谓：『我自然。』

第十八章　大道废，有仁义；智慧出，有大伪[4]；六亲[5]不和，有孝慈；国家昏乱，有忠臣。

第十九章　绝智弃辩，民利百倍；绝伪弃诈，民复孝慈；绝巧弃利，盗贼无有。此三者以为文[6]，不足。故令有所属：见素[7]抱朴[8]，少私寡欲。

第二十章　绝学无忧。唯[9]之与阿[10]，相去几何？美之与恶，相去若何？人之所畏，不可不畏。荒兮，其未央[11]哉！众人熙熙，如享太牢[12]，如春登台。我独泊[13]兮，其未兆，如婴儿之未孩[14]；儽儽[15]兮，若无所归。众人皆有余，而我独若遗。我愚人之心也哉！沌沌[16]兮！俗人昭昭[17]，我独昏昏；俗人察察[18]，我独闷闷[19]。澹[20]兮其若海，飂[21]兮若无止。众人皆有以，而我独顽且鄙。我独异于人，而贵食母[22]。

第二十一章　孔[23]德之容，惟道是从。道之为物，惟恍[24]惟惚[25]。惚兮恍兮，其中有象；恍兮惚兮，其中有物。窈[26]兮冥[27]兮，其中有精；其精甚真，其中有信。自今及古，其名不去，以阅众甫[28]。吾何以知众甫之状哉？以此。

第二十二章　曲则全，枉则直，洼则盈，敝则新，少则得，多则惑。是以圣人执一为天下式。不自见，故明；不自是，故彰；不自伐[29]，故有功；不自矜[30]，故能长。夫唯不争，故天下莫能与之争。古之所谓『曲则全』者，岂虚言哉！诚全而归之。

第二十三章　希言自然。故飘风[31]不终朝，骤雨不终日。孰为此者？天地。天地尚不能久，而况于人乎？故从事[32]于道者，同于道；德者，同于德；失者，同于失。同于德者，道亦德之；同于失者，道亦失之。信不足焉，有不信焉。

第二十四章　企[33]者不立，跨者不行，自见者不明，自是者不彰，自伐者无功，自矜者不长。其在道也，曰：余食赘行。物或恶之，故有道者不处。

第二十五章　有物混成，先天地生，寂兮寥[34]兮，独立不改，周行而不殆[35]，可以为天下母。吾不知其名，强字[36]

之曰『道』，强为之名曰『大』。大曰逝[37]，逝曰远，远曰反。故道大，天大，地大，人亦大。域中有四大，而人居其一焉。人法[38]地，地法天，天法道，道法自然。

第二十六章 重为轻根，静为躁君[39]。是以君子[40]终日行不离辎重。虽有荣观[41]，燕处[42]超然，奈何万乘之主，而以身轻天下？轻则失根，躁则失君。

第二十七章 善行无辙[43]迹，善言无瑕谪[44]，善数不用筹策[45]，善闭无关楗[46]而不可开，善结无绳约[47]而不可解。是以圣人常善救人，故无弃人；常善救物，故无弃物。是谓袭[48]明。故善人者，不善人之师；不善人者，善人之资。不贵其师，不爱其资，虽智大迷，是谓要妙[49]。

第二十八章 知其雄，守其雌，为天下溪[50]。为天下溪，常德不离，复归于婴儿。知其白，守其黑，为天下式。为天下式，常德不成[51]，复归于无极。知其荣，守其辱，为天下谷。为天下谷，常德乃足，复归于朴。朴散则为器，圣人用之，则为官长，故大制不割。

第二十九章 将欲取天下而为之，吾见其不得已。天下神器[52]，不可为也，不可执也。为者败之，执者失之。故物或行或随，或歔[53]或吹，或强或羸[54]，或培或堕[55]。是以圣人去甚[56]，去奢[57]，去泰[58]。

第三十章 以道佐人主者，不以兵强天下，其事好还。师[59]之所处，荆棘生焉。大军之后，必有凶年。善有果而已，不敢以取强。果而勿矜，果而勿伐，果而勿骄，果而不得已，果而勿强。物壮则老，是谓不道，不道早已。

第三十一章 夫兵者，不祥之器，物或恶之，故有道者不处。君子居则贵左，用兵则贵右。兵者不祥之器，非君子之器，不得已而用之，恬淡为上。胜而不美。而美之者，是乐杀人。夫乐杀人者，则不可以得志于天下矣。吉事尚左，凶事尚右。偏将军居左，上将军居右。言以丧礼处之。杀人之众，以悲哀泣之。战胜以丧礼处之。

第三十二章　道常无名、朴，虽小，天下莫能臣。侯王若能守之，万物将自宾⑥⓪。天地相合，以降甘露，民莫之令而自均。始制有名，名亦既有，夫亦将知止。知止可以不殆。譬道之在天下，犹川谷之于江海。

【注释】

①太上：最上。②下：吴澄等他本作『不』。③悠：闲适的样子。④伪：欺诈。⑤六亲：父、子、兄、弟、夫、妇。⑥文：修饰。⑦素：白色的生绢。⑧朴：未经加工成器的木材。⑨唯：晚辈对长辈恭敬的应答声。⑩阿：长辈对晚辈怠慢的应答声。⑪未央：无边无际。⑫太牢：古代祭祀时牛、羊、豕三牲具备称之为太牢。⑬泊：淡泊，恬静。⑭孩：小儿笑的样子。⑮儽儽：疲困的样子。⑯沌沌：混沌的样子。⑰昭昭：明亮的样子。⑱察察：明辨，清楚。⑲闷闷：愚昧、浑噩的样子。⑳澹：水波起伏。引申为飘动，摇动。㉑飂：高风，风疾速的样子。㉒食母：谓守道，用道。王弼注：『食母，生之本也。人者皆弃生民之本，贵末饰之华，故曰我独欲异于人。』河上公注：『食，用也。母，道也。我独贵用道也。』吴澄：『「食母」二字，见《礼记·内则篇》，即是乳母也。』㉓孔：大，盛。㉔恍：模糊，迷离。㉕惚：隐约或游移而不可捉摸，不清晰。㉖窈：深远，幽深。㉗冥：昏暗，不明。㉘甫：开始。㉙伐：自我夸耀。㉚矜：自夸，自恃。㉛飘风：旋风，暴风。㉜从事：追随，奉事。㉝企：踮起脚。㉞寥：空虚无形，空旷。㉟殆：通『怠』，懈怠。㊱字：命名。㊲逝：流。㊳法：仿效，效法。㊴君：主人。㊵君子：指圣人。㊶荣观：指宫阙。㊷燕处：退朝而处，闲居。㊸辙：车轮碾过的痕迹。㊹瑕谪：过失，瑕疵。㊺筹策：竹码子。古时计算用具。㊻关楗：关门的木闩。横的叫关，竖的叫楗。㊼绳约：绳索。㊽袭：继承，沿袭。㊾要妙：精深微妙。㊿溪：水流汇聚的地方。(51)忒：差错。(52)神器：指神物。(53)歔：同『嘘』。(54)羸：衰病，瘦弱，困惫。(55)堕：毁坏，废弃。(56)甚：贪淫声色。(57)奢：服饰饮食。(58)泰：宫室台榭。(59)师：军队。(60)宾：服从，归顺。

第三篇由三十三章到四十八章。这一部分主要论述『反者道之动』。

第三十三章　知人者智，自知者明。胜人者有力，自胜者强。知足者富。强行者有志。不失其所者久。死而不亡[1]者寿。

第三十四章　大道氾[2]兮，其可左右。万物恃之以生而不辞，功成而不有，衣养万物而不为主，常无欲，可名于小；万物归焉而不为主，可名为大。以其终不自为大，故能成其大。

第三十五章　执大象，天下往。往而不害，安平太。乐与饵[3]，过客止。道之出口，淡乎其无味，视之不足见，听之不足闻，用之不足既[4]。

第三十六章　将欲歙[5]之，必固张之；将欲弱之，必固强之；将欲废之，必固举之；将欲取之，必固与之，是谓微明[6]。柔弱胜刚强。鱼不可脱于渊，国之利器不可以示人。

第三十七章　道常无为而无不为。侯王若能守之，万物将自化。化而欲作，吾将镇之以无名之朴。无名之朴，夫亦将不欲。不欲以静，天下将自正。

第三十八章　上德不德，是以有德；下德不失德，是以无德。上德无为而无以为；下德无为而有以为。上仁为之而无以为；上义为之而有以为；上礼为之而莫之应，则攘臂[7]而扔之。故失道而后德，失德而后仁，失仁而后义，失义而后礼。夫礼者，忠信之薄，而乱之首。前识者，道之华，而愚之始。是以大丈夫处其厚不居其薄；处其实，不居其华。故去彼取此。

第三十九章　昔之得一者：天得一以清，地得一以宁，神得一以灵，谷得一以盈，万物得一以生，侯王得一以为天下正[8]。其致之也，谓天无以清，将恐裂；地无以宁，将恐废[9]；神无以灵，将恐歇[10]；谷无以盈，将恐竭；万物无以生，将恐灭；侯王无以正[11]，将恐蹶[12]。故贵以贱为本，高以下为基。是以侯王自谓孤、寡、不穀[13]。此非以贱为本邪？非乎？故至誉无誉[14]。是故不欲琭琭[15]如玉，珞珞[16]如石。

第四十章　反[17]者道之动；弱者道之用。天下万物生于有，有生于无。

第四十一章　上士闻道，勤而行之；中士闻道，若存若亡；下士闻道，大笑之。不笑不足以为道。故建言有之：明道若昧，进道若退，夷道若颣[18]，上德若谷，大白若辱[19]，广德若不足，建德若偷[20]，质真若渝[21]，大方无隅[22]，大器晚成，大音希声，大象无形，道隐无名。夫唯道，善贷[23]且成。

第四十二章　道生一，一生二，二生三，三生万物。万物负阴而抱阳，冲气以为和。人之所恶，唯孤、寡、不榖，而王公以为称。故物或损之而益，或益之而损。人之所教，我亦教之。强梁者不得其死，吾将以为教父。[24]

第四十三章　天下之至柔，驰骋[25]天下之至坚。无有入无间，吾是以知无为之有益。不言之教，无为之益，天下希及之。

第四十四章　名与身孰亲？身与货孰多[26]？得与亡孰病？甚爱必大费，多藏必厚亡。故知足不辱，知止不殆，可以长久。

第四十五章　大成若缺，其用不弊。大盈若冲，其用不穷。大直若屈，大巧若拙，大辩若讷[27]。躁胜寒，静胜热。清静为天下正。

第四十六章　天下有道，却走马以粪[28]；天下无道，戎马生于郊。咎莫大于欲得；祸莫大于不知足。故知足之足，常足矣。

第四十七章　不出户，知天下；不窥牖，见天道。其出弥[29]远，其知弥少。是以圣人不行而知，不见而明，不为而成。

第四十八章　为学日益，为道日损。损之又损，以至于无为，无为而无不为。取[30]天下常以无事，及其有事，不足以取天下。

【注释】

①死而不亡：身没而道犹存。②氾：漫溢。③饵：糕饼。④既：尽。⑤歙：收缩，收敛。⑥微明：通晓幽眇之理而收到显著之效。⑦攘臂：捋起衣袖，伸出胳膊。常形容激奋的样子。⑧正：王弼本作『贞』。⑨废：王弼本、河上公本皆作『发』。⑩歇：尽，消失。⑪正：王弼本、河上公本皆作『贵高』，范应元本和赵至坚本为『贞』。⑫蹶：挫败，失败。⑬不榖：不善，古代王侯用来自称的谦词。⑭故至誉无誉：王弼本作『故致数舆无舆』，河上公本作『故致数车无车』。陈鼓应根据《庄子·至乐》将其改为『故至誉无誉』。⑮琭琭：珍贵的样子。⑯珞珞：坚硬、刚正的样子。⑰反：一种解释为：相反，对立面。一种解释为：通『返』。⑱纇：不平。⑲辱：污浊，混浊。⑳偷：苟且，怠惰。㉑渝：变污，污浊。㉒隅：角落。㉓贷：施与，给予。㉔『强梁』两句：陈鼓应曾根据严灵峰的说法将此两句移至43章。参见陈鼓应《老子注译及评介》。㉕驰骋：役使。㉖多：重。㉗讷：言语迟钝，口齿笨拙。㉘粪：耕种。㉙弥：益，更加。㉚取：治理。

第四篇由四十九章到六十四章，主要阐述『无为而治』。

第四十九章　圣人常无心，以百姓心为心。善者，吾善之；不善者，吾亦善之；德善。信者，吾信之；不信者，吾亦信之；德信。圣人在天下，歙歙焉，为天下浑其心，百姓皆注①其耳目，圣人皆孩②之。

第五十章　出生入死。生之徒③，十有三；死之徒，十有三；人之生生，动之于死地，亦十有三。夫何故？以其生生之厚。盖闻善摄生者，陆行不遇兕④虎，入军不被甲兵；兕无所投其角，虎无所用⑤其爪，兵无所容其刃。夫何故？以其无死地。

第五十一章　道生之，德育之，物形之，势[6]成之。是以万物莫不尊道而贵德。道之尊，德之贵，夫莫之命而常自然。故道生之，德畜之；长之育之；亭之毒之[7]；养之覆之。生而不有，为而不恃，长而不宰，是谓『玄德』。

第五十二章　天下有始，以为天下母。既得其母，以知其子；既知其子，复守其母，没身不殆。塞其兑[8]，闭其门，终身不勤[9]。开其兑，济[10]其事，终身不救。见小曰明，守柔曰强。用其光，复归其明，无遗身殃；是为袭常。

第五十三章　使我介[11]然有知，行于大道，唯施[12]是畏。大道甚夷，而人好径[13]。朝甚除[14]，田甚芜[15]，仓甚虚；服文彩，带利剑，厌饮食，财货有余；是谓盗夸。非道也哉！

第五十四章　善建者不拔，善抱者不脱，子孙以祭祀不辍。修[16]之于身，其德乃真；修之于家，其德乃余；修之于乡，其德乃长；修之于邦，其德乃丰；修之于天下，其德乃普。故以身观身，以家观家，以乡观乡，以邦观邦，以天下观天下。吾何以知天下然哉？以此。

第五十五章　含德之厚，比于赤子[17]。蜂虿[18]虺[19]蛇不螫[20]，攫鸟[21]猛兽不搏[22]。骨弱筋柔而握固，未知牝牡[23]之合而朘作，精之至也。终日号而不嗄[24]，和之至也。知和曰常，知常曰明。益生曰祥。心使气曰强。物壮则老，谓之不道，不道早已。

第五十六章　知者不言，言者不知。塞其兑，闭其门，挫其锐，解其纷，和其光，同其尘，是谓『玄同』。故不可得而亲，不可得而疏；不可得而利，不可得而害；不可得而贵，不可得而贱。故为天下贵。

第五十七章　以正治国，以奇用兵，以无事取天下。吾何以知其然哉？以此：天下多忌讳，而民弥贫；民多利器，国家滋[25]昏；人多伎巧[26]，奇物滋起；法令滋彰，盗贼多有。故圣人云：『我无为，而民自化；我好静，而民自正；我无事，而民自富；我无欲，而民自朴。』

第五十八章　其政闷闷，其民淳淳；其政察察，其民缺缺[27]。祸兮，福之所倚；福兮，祸之所伏。孰知其极？其无正？正复[28]为奇，善复为妖。人之迷，其日固久。是以圣人方而不割，廉而不刿[29]，直而不肆[30]，光而不耀。

第五十九章　治人事天，莫若啬[31]。夫唯啬，是谓早服[32]；早服谓之重积德；重积德则无不克；无不克则莫知其极；莫知其极，可以有国；有国之母，可以长久；是谓深根固柢[33]，长生久视之道。

第六十章　治大国，若烹小鲜[34]。以道莅[35]天下，其鬼不神；非其鬼不神，其神不伤人；非其神不伤人，圣人亦不伤人。夫两不相伤，故德交[36]归焉。

第六十一章　大邦者下流。天下之牝，天下之交也。牝常以静胜牡，以静为下。故大邦以下[37]小邦，则取小邦；小邦以下大邦，则取大邦。故或下以取，或下而取。大邦不过欲兼畜人，小邦不过欲入事人。夫两者各得所欲，大者宜为下。

第六十二章　道者万物之奥[38]。善人之宝，不善人之所保。美言可以市[39]，尊行可以加[40]人。人之不善，何弃之有？故立天子，置三公[41]，虽有拱璧[42]以先驷马，不如坐进此道。古之所以贵此道者何？不曰：求以得，有罪以免邪？故为天下贵。

第六十三章　为无为，事无事，味无味。大小多少，报怨[43]以德。图难于其易，为大于其细。天下难事，必作于易，天下大事，必作于细，是以圣人终不为大，故能成其大。夫轻诺必寡信，多易必多难，是以圣人犹难之，故终无难矣。

第六十四章　其安易持，其未兆[44]易谋。其脆易泮[45]，其微易散。为之于未有，治之于未乱。合抱之木，生于毫末；九层之台，起于累土；千里之行，始于足下。为者败之，执者失之。是以圣人无为故无败，无执故无失。民之从事，常于几成而败之。慎终如始，则无败事。是以圣人欲不欲，不贵难得之货；学不学，复众人之所过，以辅万物之自然而不敢为。

【注释】

①注：集中，聚集。②孩：当作小孩子来看待。③徒：类，同类。④兕：犀牛。⑤用：施行，运用。⑥势：形势，情势。⑦亭之毒之：敦煌等他本作『成之熟之』。高亨《老子正诂》：『「亭」当读为「成」，「毒」当读为「熟」，皆音同通用。』⑧兑：穴窍。⑨勤：劳倦，辛苦。⑩济：增援，补益。⑪介：微小，细微。⑫施：邪。⑬径：邪径。⑭除：一种解释为：整洁。另一种解释为：废弛。⑮芜：田地荒废，野草丛生。⑯修：实行。⑰赤子：婴儿。⑱虿：蝎子一类的毒虫。⑲虺：古书上说的一种毒蛇。⑳螫：用毒刺刺或毒牙咬。㉑攫鸟：鸷鸟，凶猛的鸟。㉒搏：鹰等猛禽用爪攻击猎物。㉓牝牡：雄性和雌性。㉔嗄：声音嘶哑。㉕滋：越，更加。㉖伎巧：技巧。㉗缺缺：疏薄诈伪的样子。㉘复：又，再。㉙刿：割，刺伤。㉚肆：不受拘束，纵恣。㉛啬：爱惜。㉜服：一种解释为：返回。另一种解释为：事，从事。㉝抵：树根，特指直根。㉞小鲜：小鱼。㉟莅：临视，治理。㊱交：互相。㊲下：谦下。㊳奥：藏。㊴市：换取。㊵加：受到尊重。㊶三公：古代中央三种最高官衔的合称。周以太师、太傅、太保为三公。㊷拱璧：两手执持的大璧。㊸怨：怨恨，仇恨。㊹未兆：还没有显现出迹象。㊺泮：融解。

这是《老子》的最后一部分。这一部分论述『贵柔』『守雌』及『谦下』等，亦属『无为而治』的内容。

第六十五章　古之善为道者，非以明民，将以愚之。民之难治，以其智多。故以智治国，国之贼；不以智治国，国之福。知此两者亦稽式①。常知稽式，是谓『玄德』。玄德深矣，远矣，与物反矣，然后乃至大顺。

第六十六章　江海之所以能为百谷王者，以其善下之，故能为百谷王。是以圣人欲上民，必以言下之；欲先民，必以身后之。是以圣人处上而民不重，处前而民不害。是以天下乐推②而不厌。以其不争，故天下莫能与之争。

第六十七章　天下皆谓我：『「道」大，似不肖[3]。』夫唯大，故似不肖。若肖，久矣其细也夫。我有三宝，持而保之。一曰慈，二曰俭，三曰不敢为天下先。慈故能勇；俭故能广；不敢为天下先，故能成器长。今舍慈且勇，舍俭且广，舍后且先，死矣！夫慈，以战则胜，以守则固。天将救之，以慈卫之。

第六十八章　善为士者，不武；善战者，不怒；善胜敌者，不与；善用人者，为之下。是谓不争之德，是谓用人，是谓配天，古[4]之极也。

第六十九章　用兵有言：『吾不敢为主，而为客；不敢进寸，而退尺。』是谓行无行，攘无臂，扔[5]无敌，执无兵。祸莫大于轻敌，轻敌几丧吾宝。故抗兵相若，哀者胜矣。

第七十章　吾言甚易知，甚易行。天下莫能知，莫能行。言有宗，事有君。夫唯无知，是以不我知。知我者希，则我者贵。是以圣人被褐怀玉[6]。

第七十一章　知不知，尚矣；不知知，病也。圣人不病，以其病病。夫唯病[7]病，是以不病。

第七十二章　民不畏威，则大威至。无狎其所居，无厌其所生。夫唯不厌，是以不厌。是以圣人自知不自见，自爱不自贵。故去彼取此。

第七十三章　勇于敢则杀，勇于不敢则活。此两者，或利或害。天之所恶，孰知其故？是以圣人犹难之。天之道，不争而善胜，不言而善应，不召而自来，绅[8]然而善谋。天网恢恢，疏而不失。

第七十四章　民不畏死，奈何以死惧[9]之。若使民常畏死，而为奇者，吾得执而杀之，孰敢？常有司[10]杀者杀，夫代司杀者杀，是谓代大匠斲[11]。夫代大匠斲者，希有不伤其手矣。

第七十五章　民之饥，以[12]其上食税之多，是以饥。民之难治，以其上之有为，是以难治。民之轻死，以其上求生之厚，是以轻死。夫虽无以生为者，是贤于贵生。

第七十六章　人之生也柔弱，其死也坚强。草木之生也柔脆，其死也枯槁。故坚强者死之徒，柔弱者生之徒。是以兵强则灭，木强则折。强大处下，柔弱处上。

第七十七章　天之道，其犹张弓与？高者抑[13]之，下者举之；有余者损之，不足者补之。天之道，损有余而补不足。人之道，则不然，损不足以奉[14]有余。孰能有余以奉天下？唯有道者。是以圣人为而不恃，功成而不处，其不欲见贤。

第七十八章　天下莫柔弱于水，而攻坚强者莫之能胜，以其无以易之。弱之胜强，柔之胜刚，天下莫不知，莫能行。是以圣人云：『受国之垢[15]，是谓社稷[16]主；受国不祥，是为天下王。』正言若反。

第七十九章　和[17]大怨，必有余怨，安可以为善？是以圣人执左契[18]，而不责于人。有德司契，无德司彻[19]。天道无亲，常与善人。

第八十章　小国寡民。使有什伯[20]人之器而不用，使民重死而不远徙[21]。虽有舟舆，无所乘之；虽有甲兵，无所陈[22]之；使民复结绳而用之。甘其食，美其服，安其君，乐其俗。邻国相望，鸡犬之声相闻，民至老死，不相往来。

第八十一章　信言不美，美言不信。善者不辩，辩者不善。知者不博，博者不知。圣人不积[23]，既以为人己愈有，既以与人己愈多。天之道，利而不害；人之道，为而不争。

【注释】

①稽式：准则，法则。②推：推重，拥护。③肖：类似，相似。④古：俞樾认为是衍文。⑤扔：除王弼本外，河上公等他本皆作『仍』。⑥被褐怀玉：身穿粗布衣服，怀中藏着宝玉。比喻人有才德而深藏不露。⑦病：以为病。⑧繟：『坦』的通假字。宽缓，舒缓。⑨惧：恐吓，威胁。⑩司：主管，掌管。⑪斲：砍，削。⑫以：因为，由于。

⑬抑：向下压。⑭奉：给予，赠予。⑮垢：通「诟」。辱骂，詈骂。⑯社稷：土神和谷神，古时用来代称国家。⑰和：使和睦，使融洽。⑱契：符节、凭证、字据等信物。古代契分为左右两半，双方各执其一，用时将两半合对以作征信。后泛指契约。⑲彻：相传为周代的田税制度。⑳什伯：一种解释为：古代兵制中，十人为什，百人为伯。「什伯」泛指军队基层队伍。另一种解释为：超过十倍、百倍。㉑徙：迁移，移居。㉒陈：施展，施用。㉓积：积聚，贮藏。

《庄子》

【导读】

《庄子》，又名《南华经》，是庄周学派的论著。《庄子》共33篇，分为「内篇」（7篇）、「外篇」（15篇）、「杂篇」（11篇）三部分。一般认为「内篇」是庄子所著，「外篇」和「杂篇」是庄子弟子、庄子学派或后来学者的作品。鲁迅先生评价《庄子》说：「其文则汪洋辟阖，仪态万方。」《庄子》对后世有重大影响。其思想幽深玄远，在魏晋时被尊为「三玄」之一，魏晋人多依《庄子》谈玄。复为道教所宗，与《老子》同为道教基本经典。其人生哲学散发着浪漫主义的气息，在文学史上亦有重大影响。

庄子（约前369年—前286年），名周，战国中期宋国人，曾任蒙之漆园吏。我国先秦时期伟大的哲学家、思想家、文学家。道家学派的代表人物，老子哲学思想的继承者和发展者，庄子学派的创始人。他与老子合称为「老庄」。他一生于乱世中追求精神的自由；关心的不是政治、伦理道德的问题，而是个人的生存状态的问题。个体的人格独立和精神的绝对自由是庄子的最高理想，而这个理想的实现需要一种「齐万物」「齐生死」的超脱精神。

逍遥游

北冥有鱼①，其名为鲲②。鲲之大，不知其几千里也。化而为鸟，其名为鹏③。鹏之背，不知其几千里也。怒而飞，其翼若垂天之云[4]。是鸟也，海运则将徙于南冥[5]。南冥者，天池也[6]。

《齐谐》者[7]，志怪者也[8]。《谐》之言曰：『鹏之徙于南冥也，水击三千里，抟扶摇而上者九万里[9]，去以六月息者也。』野马也，尘埃也，生物之以息相吹也[10]。天之苍苍，其正色邪[11]？其远而无所至极邪[12]？其视下也，亦若是则已矣[13]。

且夫水之积也不厚，则其负大舟也无力[14]。覆杯水于坳堂之上[15]，则芥为之舟[16]。置杯焉则胶[17]，水浅而舟大也。风之积也不厚，则其负大翼也无力。故九万里则风斯在下矣，而后乃今培风[18]；背负青天而莫之夭阏者[19]，而后乃今将图南[20]。

蜩与学鸠笑之曰[21]：『我决起而飞[22]，抢榆枋[23]，时则不至而控于地而已矣[24]，奚以之九万里而南为[25]？』适莽苍者[26]，三餐而反[27]，腹犹果然[28]；适百里者，宿舂粮[29]；适千里者，三月聚粮[30]。之二虫，又何知[31]！小知不及大知[32]，小年不及大年[33]。奚以知其然也？朝菌不知晦朔[34]，蟪蛄不知春秋[35]，此小年也。楚之南有冥灵者[36]，以五百岁为春，五百岁为秋；上古有大椿者，以八千岁为春，八千岁为秋。而彭祖乃今以久特闻[37]，众人匹之[38]，不亦悲乎！

汤之问棘也是已[39]：汤问棘曰：『上下四方有极乎？』棘曰：『无极之外，复无极也。穷发之北[40]，有冥海者，天池也。有鱼焉，其广数千里，未有知其修者[41]，其名为鲲。有鸟焉，其名为鹏，背若太山[42]，翼若垂天之云，抟扶摇羊角而上者九万里[43]，绝云气[44]，负青天，然后图南，且适南冥也。斥鴳笑之曰：「彼且奚适也！我腾跃而上，不过数仞而下[45]，翱翔蓬蒿之间，此亦飞之至也[46]，而彼且奚适也！」』此小大之辩也[47]。

故夫知效一官[48]，行比一乡[49]，德合一君[50]，而征一国者[51]，其自视也，亦若此矣。而宋荣子犹然笑之[52]。且举世而誉之而不加劝[53]，举世而非之而不加沮[54]，定乎内外之分[55]，辩乎荣辱之境[56]，斯已矣[57]。彼其于世，未数数然也[58]。

虽然，犹有未树也[59]。

夫列子御风而行[60]，泠然善也[61]，旬有五日而后反。彼于致福者[62]，未数数然也。此虽免乎行，犹有所待者也[63]。

若夫乘天地之正[64]而御六气之辩[65]，以游无穷者，彼且恶乎待哉[66]！故曰：至人无己[67]，神人无功[68]，圣人无名[69]。

【注释】

①冥：通「溟」，指海。②鲲：传说中的大鱼。③鹏：传说中的神鸟。④怒：同「努」，奋发。垂：通「陲」，边际、边远。⑤海运：海风动。徙：迁移。⑥天池：天然形成的大池。⑦《齐谐》：书名。⑧志怪：记载怪异之事。⑨抟：环绕、盘旋。扶摇：旋风。⑩野马、尘埃：指大鹏怒飞所卷起的游气、灰尘，因其状如野马奔腾，故称之为野马。⑪正色：真正的颜色。邪：同「耶」。⑫无所至极：无法达到尽头。⑬则已：而已。⑭负：承载。⑮覆：倾倒。坳堂：凹陷不平的厅堂。⑯芥：小草。⑰胶：粘着。⑱培风：一种解释为：凭借风力；另一种解释为：聚集、积累风力。⑲夭阏：阻塞不通的意思。⑳图南：待风力积聚后，决定南飞。㉑蜩：指蝉。学鸠：指斑鸠。㉒决起：指迅速、猛然飞起。㉓抢：冲向。㉔控：投。㉕奚以：为什么。㉖适：去，往。莽苍：郊野。㉗三餐：指一日。反：通「返」。㉘果然：食饱的样子。㉙宿舂粮：捣舂粮食，指准备过夜的干粮。㉚三月聚粮：准备三个月的粮食。㉛之二虫：之，这。二虫，两只小虫鸟，指蜩和学鸠。㉜知：同「智」。㉝年：寿命。㉞朝菌：一种朝生暮死的菌类。晦朔：晦，月终。朔，月初。㉟蟪蛄：一种夏生秋死的蝉。㊱冥灵：树名；另一种说法是指大龟名。㊲彭祖：传说中的上古人物，长寿之人，活了八百岁。㊳匹：相比。㊴汤：商汤。棘：名夏革，汤时贤人。㊵穷发：草木不生的边远地方。㊶修：长。㊷太山：即泰山。㊸羊角：形容风如羊角般上旋。㊹绝：超越。㊺仞：古代度量单位，一仞为七尺或八尺。㊻至：极限。㊼辩：通「辨」。区别。㊽知：智慧。效：胜任。㊾行：品行。比：亲近。㊿德：道德。合：投合。51而：能力。

征：取信。[52]宋荣子：即宋钘，战国时代著名的思想家。犹然：嬉笑的样子。[53]举世：整个社会。劝：劝勉，勉励。[54]沮：沮丧。[55]定：确定。内外：主观与客观。分：界限。[56]辩：区别。境：限度。[57]斯：此。已：停止。[57]数数然：努力追求的样子。[59]树：树立德行。[60]列子：即列御寇，郑国人，相传其得风仙之道，乘风而行。御：乘。[61]泠然：轻妙的样子。[62]致福者：指得风仙之福。[63]待：依赖，依靠。[64]天地之正：天地的自然状态。[65]六气：指阴、阳、风、雨、晦、明六种气象。辩：变化。[66]恶：何。[67]无已：超越自我。[68]无功：不求有功。[69]无名：不求有名。

尧让天下于许由[70]，曰：『日月出矣，而爝火不息[71]，其于光也，不亦难乎！时雨降矣[72]，而犹浸灌，其于泽也[73]，不亦劳乎[74]！夫子立而天下治[75]，而我犹尸之[76]，吾自视缺然[77]。请致天下[78]。』许由曰：『子治天下，天下既已治也，而我犹代子，吾将为名乎？名者，实之宾也[79]，吾将为宾乎？鹪鹩巢于深林[80]，不过一枝；偃鼠饮河[81]，不过满腹。归休乎君，予无所用天下为！庖人虽不治庖[82]，尸祝不越樽俎而代之矣[83]。』

肩吾问于连叔曰[84]：『吾闻言于接舆[85]，大而无当，往而不反。吾惊怖其言，犹河汉而无极也[86]。大有径庭[87]，不近人情焉。』连叔曰：『其言谓何哉？』『曰「藐姑射之山[88]，有神人居焉。肌肤若冰雪，绰约若处子[89]；不食五谷，吸风饮露；乘云气，御飞龙，而游乎四海之外；其神凝[90]，使物不疵疠而年谷熟[91]。」吾以是狂而不信也。』连叔曰：『然，瞽者无以与乎文章之观[92]，聋者无以与乎钟鼓之声。岂唯形骸有聋盲哉？夫知亦有之。是其言也，犹时女也[93]。之人也，之德也，将旁礴万物以为一，世蕲乎乱[94]，孰弊弊焉以天下为事！之人也，物莫之伤[95]，大浸稽天而不溺[96]，大旱金石流土山焦而不热。是其尘垢粃糠将犹陶铸尧舜者也，孰肯分分然以物为事！』宋人资章甫而适诸越[97]，越人断发文身[98]，无所用之。尧治天下之民，平海内之政。往见四子藐姑射之山[99]，汾水之阳，窅然丧其天下焉[100]。

惠子谓庄子曰：『魏王贻我大瓠之种[101]，我树之成而实五石[102]，以盛水浆，其坚不能自举也。剖之以为瓢，则瓠落无所容。非不呺然大也，吾为其无用而掊之[103]。』庄子曰：『夫子固拙于用大矣。宋人有善为不龟手之药者，世世以洴澼絖为事[104]。客闻之，请买其方百金。聚族而谋曰：「我世世为洴澼絖，不过数金。今一朝而鬻技百金[105]，请与之。」客得之，以说吴王。越有难，吴王使之将。冬，与越人水战，大败越人，裂地而封之[106]。能不龟手一也，或以封，或不免于洴澼絖，则所用之异也。今子有五石之瓠，何不虑以为大樽而浮乎江湖，而忧其瓠落无所容？则夫子犹有蓬之心也夫[107]！』

惠子谓庄子曰：『吾有大树，人谓之樗[108]。其大本拥肿而不中绳墨，其小枝卷曲而不中规矩。立之涂[109]，匠者不顾[110]。今子之言，大而无用，众所同去也[111]。』庄子曰：『子独不见狸狌乎？卑身而伏，以候敖者[112]；东西跳梁，不避高下；中于机辟[113]，死于罔罟[114]。今夫斄牛[115]，其大若垂天之云。此能为大矣，而不能执鼠。今子有大树，患其无用，何不树之于无何有之乡，广莫之野，彷徨乎无为其侧，逍遥乎寝卧其下[116]？不夭斤斧，物无害者。无所可用，安所困苦哉！』

【注释】

⑩尧：传说中的古帝王，号陶唐氏。许由：传说中的隐士。⑪爝火：火把、火炬。⑫时雨：应时之雨。⑬泽：润泽。⑭劳：费力。⑮夫子：古代对男子的尊称，此处指许由。⑯尸：主持，当权。⑰缺然：指德行不够格。⑱致：送给。⑲宾：从属。⑪饮河：在河边饮水。㉑鹪鹩：指巧妇鸟。㉒庖：厨师。㉓尸祝：主持祭祀的人。樽：酒器。俎：祭祀用的礼器。㉔肩吾、连叔：古时怀道之人。㉕接舆：楚国的贤人隐士，相传为孔子同时代的人。㉖河汉：银河。㉗径：指门外路；庭：指堂前地。比喻两者相隔，互不相关。㉘藐：远。姑射之山：神话中的山名。㉙绰约：柔弱，柔美。处子：未婚少女。㉚神凝：神情专一。㉛疵疠：灾害。㉜瞽者：盲人。㉝女：同『汝』。㉞旁礴：混同。蕲：求。

⑮弊弊：忙碌的样子。物莫之伤：没有什么东西能伤害他。⑯大浸：大水。稽：至，指洪水漫天。⑰资：贩卖。章甫：古代指帽冠。⑱断发文身：剪掉头发，在身上刺上花纹。⑲四子：指王倪、啮缺、被衣、许由。⑳阳：北面。窅然：茫茫的样子。㉑贻：赠送。大瓠：大葫芦。㉒实五石：能容纳五石的东西。㉓掊：击破。㉔不龟手：手皮龟裂。洴澼：漂洗。絖：棉絮。㉕鬻：卖。㉖裂地而封之：分出块土地封赐给他。㉗蓬之心：心如蓬草遮蔽，不开窍。㉘樗：臭椿树。㉙涂：通「途」，道路。㉚匠者：木工。顾：看。㉛去：抛弃。㉜候：等待。敖：通「遨」，遨游者。㉝机辟：捕捉禽兽的工具。㉞罔罟：捕猎用的网。㉟斄牛：指牦牛。㊱无何有：虚无空寂。广莫：同「广漠」，辽阔旷远。彷徨：纵任无拘束的样子。逍遥：怡然自得的样子。

养生主

吾生也有涯①，而知也无涯②。以有涯随无涯，殆已③！已而为知者④，殆而已矣！为善无近名⑤，为恶无近刑，缘督以为经⑥，可以保身，可以全生，可以养亲⑦，可以尽年⑧。

庖丁为文惠君解牛⑨，手之所触，肩之所倚，足之所履⑩，膝之所踦⑪，砉然响然⑫，奏刀騞然⑬，莫不中音⑭，合于桑林之舞⑮，乃中经首之会⑯。文惠君曰：「嘻，善哉！技盖至此乎⑰？」庖丁释刀对曰⑱：「臣之所好者道也，进乎技矣⑲。始臣之解牛之时，所见无非牛者；三年之后，未尝见全牛也；方今之时，臣以神遇而不以目视⑳，官知止而神欲行㉑。依乎天理㉒，批大郤㉓，导大窾㉔，因其固然㉕。技经肯綮之未尝㉖，而况大軱乎㉗！良庖岁更刀㉘，割也；族庖月更刀㉙，折也㉚；今臣之刀十九年矣，所解数千牛矣，而刀刃若新发于硎㉛。彼节者有间而刀刃者无厚㉜，以无厚入有间，恢恢乎其于游刃必有余地矣㉝。是以十九年而刀刃若新发于硎。虽然，每至于族㉞，吾见其难为，怵然为戒㉟，视为止，行为迟，动刀甚微，謋然已解㊱，如土委地㊲。提刀而立，为之四顾，为之踌躇满志㊳，善刀而藏之㊴。」

文惠君曰：『善哉！吾闻庖丁之言，得养生焉。』

公文轩见右师而惊曰[40]：『是何人也？恶乎介也[41]？天与[42]？其人与？』曰：『天也，非人也。天之生是使独也[43]，人之貌有与也[44]。以是知其天也，非人也。』

泽雉十步一啄[45]，百步一饮，不蕲畜乎樊中[46]。神虽王[47]，不善也[48]。

老聃死[49]，秦失吊之[50]，三号而出[51]。弟子曰：『非夫子之友邪[52]？』曰：『然。』『然则吊焉若此可乎？』曰：『然。始也吾以为其至也，而今非也[53]。向吾入而吊焉，有老者哭之，如哭其子；少者哭之，如哭其母。彼其所以会之[54]，必有不蕲言而言，不蕲哭而哭者。是遁天倍情[55]，忘其所受[56]，古者谓之遁天之刑[57]。适来，夫子时也[58]；适去，夫子顺也[59]。安时而处顺，哀乐不能入也，古者谓是帝之县解[60]。』

指穷于为薪[61]，火传也，不知其尽也[62]。

【注释】

①涯：边际。②知：知识，才智。③殆：危险，这里指神伤体乏、疲惫不堪。④已：已经，指已经以有限之生命追求无限之知识。⑤无：通『勿』，不要。近：接近，靠近，指追求。⑥缘：顺着。督：中医学名词，七经八脉之一，总督一身之阳经，身后之中脉为督脉。经：常。此句是说顺中道以为常。⑦养亲：指身体健康，不为父母留下忧患，而且可以健全之身赡养父母。⑧尽年：终享天年，不会中途夭折。⑨庖丁：指厨师。另一种解释为：庖即厨师，丁为人名。文惠君：即梁惠王。解：解剖。⑩履：踏，踩。⑪踦：用膝顶住。⑫砉然：形容动作迅速的声音。⑬奏刀：进刀。騞然：用刀解剖东西的声音。⑭中音：合于音节。⑮桑林：汤即位之初，商王畿之内连续五年大旱，骄阳如火，河井枯竭，田地龟坼，草木枯萎。汤命史官在郊外燃烧积薪，以牛羊豕作为牺牲来祭祀。汤祈祷时引咎自责，列举

六条自己可能犯的错误，祈求赐福降雨，但毫无效果。大旱延续到第七年时，汤又在桑林之地设坛，祭天求雨。史官占卜后说，要用活人作牺牲，才能求得甘雨。汤认为，祈雨本是为民，岂可又再残害于民？便决定由自己作牺牲。他剪去头发指甲，沐浴洁身，向上天祷告：『我一人有罪，不能惩罚万民，万民有罪，都在我一人，勿因我一人之过，而伤害黎民性命！』祷告完毕便坐到柴堆上。正当巫祝要点火燃柴，大雨骤然从天而降，万民一片欢呼，作歌颂扬汤的德行，并将乐曲取名为『桑林』。⑯经首：帝尧的乐曲。会：音调协调一致。⑰盖：通『盍』，何。⑱释：放下。⑲进：胜过。指所好者乃道，超过解牛之技。⑳神：精神。遇：会，接触。㉑官：五官，这里特指眼睛。知：知觉，指眼睛的视觉。止：停止。㉒天理：天然的纹理。指牛的自然生理结构。㉓批：刺入。郤：空隙，裂缝，指牛的骨骼与肌肉之间的缝隙。㉔导：导向。窾：骨节空处。㉕因：顺应。固然：本来的样子。㉖肯：附着在骨上的肉。綮：筋肉结节处。尝：曾经。此句指庖丁解牛之技，常使刀刃进于空隙处，从未经过骨肉连接很紧密的地方。㉗軱大骨。㉘良：良好的。岁更刀：每年换一把刀。㉙族庖：一般的厨师。㉚折：断，指用刀砍断骨头。㉛发：出。硎：磨刀石。㉜节：关节。间：间隙。㉝恢恢：宽阔广大的样子。游刃：运动的刀刃。㉞族：筋骨交错聚结的地方。㉟怵然：害怕的样子。㊱謋然：骨肉分离的声音。㊲委：堆积。㊳踌躇满志：悠然自得，心满意足。㊴善：修治。㊵公文轩：姓公文，名轩，宋人。右师：官名。㊶恶乎：恶通『呜』，呜呼。介：一只脚。㊷与：赋予。㊸是：这，指代一只脚的情况。㊹有与：两足共行。㊺雉：野鸟。㊻蕲：通『祈』，祈求。畜：饲养。樊：关鸟兽的笼子。㊼王：旺盛。㊽不善：指雉居山泽，饮啄自在，精神旺盛，然而不觉其善之为善，以明至善忘善。㊾老聃：老子。姓李，名耳，字老聃。㊿秦失：姓秦，名失，怀道之士。(51)号：大声地哭。(52)夫子：指老子。(53)『始也』两句：意思是我初始人吊，以为哭者是方外门人，见其哀恸，知道不是老聃弟子。(54)会：会聚。(55)遁天：逃遁天理，违背自然。倍：加倍，增益。

㊱忘其所受：忘掉了人的形体是受命于天的道理，意思是既然受命于天，那么就要顺应天理，不要乐生恶死。㊲刑：惩罚。指逃避天理，性情困于忧乐之境而有痛苦烦恼，这就是一种惩罚。㊳夫子时也：指老子应时而生。㊴夫子顺也：指老子顺时而死。㊵帝：天。主宰万物。县：通「悬」。悬解：不为生死所系。帝之悬解：由天理，不应该为生死所束缚。㊶指穷于为薪：指油脂燃尽于浸裹的柴薪，但火种却不会熄灭，传之于无穷。㊷火传也，不知其尽也：指火的传承不会穷尽，比喻人虽死亡，但灵魂会延续下去。

人间世（上）

颜回见仲尼①，请行。曰：「奚之？」曰：「将之卫。」曰：「奚为焉？」曰：「回闻卫君，其年壮，其行独，轻用其国，而不见其过；轻用民死，死者以国量②乎泽，若蕉③，民其无如④矣。回尝闻之夫子曰：『治国去之，乱国就之，医门多疾。』愿以所闻思其则⑤，庶几其国有瘳⑥乎？」仲尼曰：「嘻⑦！若殆往而刑耳！夫道⑧不欲杂，杂则多，多则扰，扰则忧，忧而⑨不救。古之至人，先存⑩诸己而后存诸人。所存于己者未定，何暇至于暴人之所行？且若亦知夫德之所荡⑪，而知之所为出乎哉？德荡乎名，知出乎争。名也者，相轧⑫也；知也者，争之器也。二者凶器，非所以尽行也。且德厚信矼⑬，未达人气；名闻不争，未达人心。而强以仁义绳墨之言术⑭暴人之前者，是以人恶有⑮其美也，命之曰菑⑯人。菑人者，人必反菑之，若殆为人菑夫！且苟为悦贤而恶不肖，恶用而求有以异？若唯无诏⑰，王公必将乘人而斗其捷。而目将荧⑱之，而色将平之，口将营⑲之，容将形⑳之，心且成㉑之。是以火救火，以水救水，名之曰益多。顺始无穷，若殆以不信厚言，必死于暴人之前矣！且昔者桀杀关龙逢㉒，纣杀王子比干㉓，是皆修其身以下伛拊㉔人之民，以下拂㉕其上者也，故其君因其修以挤之：是好名者也。昔者尧攻丛、枝、胥敖，禹攻有扈㉖，国为墟厉㉗，身为刑戮。其用兵不止，其求实㉘无已，是皆求名实者也。而独不闻之乎？名实者，圣人之所不能胜也，而况若乎？虽然，若必有以[29]也，尝以语我来！』

颜回曰：『端而虚，勉而一，则可乎？』曰：『恶！恶可[30]！夫以阳为充孔扬[31]，采色不定[32]，常人之所不违，因案人之所感，以求容与[33]其心。名之曰日渐之德[34]不成，而况大德乎？将执而不化，外合而内不訾[35]，其庸讵[36]可乎？』『然则我内直而外曲，成[37]而上比。内直[38]者，与天为徒[39]。与天为徒者，知天子之与己，皆天之所子[40]，而独以己言蕲乎而人善之，蕲乎而人[41]不善之邪？若然者，人谓之童子，是之谓与天为徒。外曲者，与人之为徒也。擎跽曲拳[42]，人臣之礼也，人皆为之，吾敢不为邪？为人之所为者，人亦无疵焉，是之谓与人为徒。成而上比者，与古为徒。其言虽教，谪[43]之实也。古之有也，非吾有也。若然者，虽直而不病，是之谓与古为徒。若是则可乎？』仲尼曰：『恶！恶可！大[44]多政法[45]而不谍，虽固，亦无罪。虽然，止是耳矣，夫胡可以及化？犹师心者也。』

颜回曰：『吾无以进矣，敢问其方。』仲尼曰：『斋，吾将语若！有心而为之，其易邪？易之者，皞天不宜[46]。』颜回曰：『回之家贫，唯[47]不饮酒不茹[48]荤者数月矣。如此则可以为斋乎？』曰：『是祭祀之斋，非心斋也。』回曰：『敢问心斋。』仲尼曰：『若一志，无听之以耳而听之以心，无听之以心而听之以气。听止于耳，心止于符[49]。气也者，虚而待物者也。唯道集虚。虚者，心斋也。』颜回曰：『回之未始得使，实有[50]回也；得使之也，未始有回也；可谓虚乎？』夫子曰：『尽矣。吾语若：若能入游其樊而无感其名，入则鸣，不入则止。无门无毒[51]，一宅[52]而寓于不得已，则几[53]矣。绝迹易，无行地难[54]。为人使易以伪，为天使难以伪。闻以有翼飞者矣，未闻以无翼飞者也；闻以有知知者矣，未闻以无知知者也。瞻彼阕[55]者，虚室生白[56]，吉祥止止[57]。夫且不止，是之谓坐驰。夫徇[58]耳目内通而外于心知，鬼神将来舍，而况人乎？是[59]万物之化也，禹舜之所纽[60]也，伏羲几蘧[61]之所行终，而况散[62]焉者乎？』

叶公子高[63]将使于齐，问于仲尼曰：『王使诸梁也甚重，齐之待使者，盖将甚敬而不急。匹夫犹未可动也，而况诸侯乎？吾甚慄之。子常语诸梁也曰：「凡事若小若大，寡不道[64]以欢成。事若不成，则必有人道之患[65]；事若成，则必有阴阳之患[66]。若成若不成而后无患者，唯有德者能之。」吾食也执粗而不臧[67]，爨无欲清之人[68]。今吾朝受命而夕饮冰，我其内热[69]与？吾未至乎事之情，而既有阴阳之患矣！事若不成，必有人道之患，是两也。为人臣者不足以任[70]之，子其有以语我来！」仲尼曰：「天下有大戒[71]二：其一，命也；其一，义也。子之爱亲，命也，不可解于心；臣之事君，义也，无适而非君也，无所逃于天地之间。是之谓大戒。是以夫事其亲者，不择地而安之，孝之至也；夫事其君者，不择事而安之，忠之盛也；自事其心[72]者，哀乐不易施乎前，知其不可奈何而安之若命，德之至也。为人臣子者，固有所不得已。行事之情而忘其身，何暇至于悦生而恶死！夫子其行可矣！丘请复以所闻：凡交近则必相靡以信[73]，交远则必忠之以言[74]，言必或传之。夫传两喜两怒之言，天下之难者也。夫两喜必多溢美之言，两怒必多溢恶之言。凡溢之类妄[75]，妄则其信之也莫[76]，莫则传言者殃。故法言[77]曰：『传其常情，无传其溢言，则几乎全。』且以巧斗力者，始乎阳，常卒乎阴[78]，泰至[79]则多奇巧；以礼饮酒者，始乎治，常卒乎乱，泰至则多奇乐。凡事亦然，始乎谅，常卒乎鄙[80]。其作始也简，其将毕也必巨。言者，风波也；行者，实丧[81]也。风波易以动，实丧易以危。故忿设[82]无由，巧言偏辞[83]。兽死不择音，气息茀然[84]，于是并生心厉[85]。剋核大至[86]，则必有不肖之心应之而不知其然也。苟为不知其然也，孰知其所终？故法言曰：『无迁令，无劝成[87]，过度益[88]也。』迁令劝成殆事，美成在久，恶成不及改，可不慎与？且夫乘物以游心[89]，托不得已以养中[90]，至矣。何作为报也[91]！莫若为致命[92]，此其难者。」

【注释】

①颜回见仲尼：这是假托孔子弟子来立言。②量：满。③蕉：草芥。④无如：无所归依。如，到，往。⑤思其则：思救法。则，指方法。⑥瘳：愈。⑦嘻：怪笑声。⑧道：即上文之『则』，指方法。⑨而：与『则』同。⑩存：考察。

⑪荡：坏。⑫轧：折。⑬矼：指坚实。⑭术：指『述』。⑮有：又作『育』，炫耀的意思。⑯菑：音『灾』，指灾害。⑰诏：言。⑱荧：指眼眩。⑲营：解救。⑳形：显露。㉑成：成全。㉒关龙逢：夏桀的一位贤臣。㉓王子比干：殷纣的叔父。㉔伛拊：怜爱。㉕拂：违背。㉖丛枝、胥敖、有扈：三者都是国名。㉗墟厉：指丘墟之土国。㉘实：指财货。㉙以：谓。㉚恶：第一个是叹词，第二个指不。㉛以阳为充孔扬：指卫君刚猛之性充张于内，而甚扬于外，强御到极点。阳：刚猛。孔：甚，很。㉜采色不定：采色本文指面部表情，采色不定指喜怒无常。㉝容与：放纵。㉞日渐之德：指随时间推移而逐渐增长的德行。㉟外合：外表赞同。訾：非议。『不訾』指不愿意对自己的言行做出反省。㊱其庸讵：复词，三个字均作『岂』字解释。㊲成：善。㊳内直：内心正直。㊴徒：徒党，指同一类的人。㊵子：爱。㊶而人：指其人，彼人。而，尤其。㊷擎：举，这里指手里拿着朝笏。跽：长跪。曲拳：鞠躬。㊸谪：谴责、责备。㊹大：音『太』，亦作『太』，指过于，过分。㊺政法：正常之法度。政，正。㊻暤天不宜：指与自然之道不合。暤天，自然之意。㊼唯：已经。㊽茹：吃。㊾符：合。㊿有：本作『自』。(51)无门无毒：指勿固必、勿暴怒。(52)一宅：一，心思高度集中。宅，这里指心灵的位置。『一宅』就是指心灵安于凝聚专一，全无杂念。(53)几：尽。(54)无行地难：指不行则易，行而不践地是不可能的。(55)阕：指事已完结。(56)白：日光所照。(57)止：即『之』。古代『止』与『之』相通。(58)徇：使。(59)是：代词，指前『心斋』等法。(60)纽：本。(61)伏羲几蘧：传说远古时代的帝王。(62)散：不严格要求、约束自己。(63)叶公子高：楚国大夫，为叶县尹；姓沈，名诸梁，字子高。(64)道：指言说。(65)人道之患：人为的祸害，指国君的惩罚。(66)阴阳之患：阴阳之气交集于心，势必失调而患病。(67)臧：善、好。(68)爨无欲清之人：叶公对于饮食，持粗而不求精。因此即使为爨者（厨师），也不必大事烹饪，自然不深受火之热，故为无欲清凉之人。爨，指烹饪食物。(69)内热：内心焦躁不安。(70)任：承担。(71)大戒：指人生足以为戒的大法。(72)自事其心：指注重自己的道德修养。(73)相靡以信：

指用诚信相互和顺与亲近。靡，通「摩」，爱抚顺从的意思。一说通「縻」，维系的意思。⑭忠之以言：以忠实的语言来交往。另说「忠」为「忠」，「忠」为「固」的古体。⑮妄：虚假。⑯信之也莫：指真实程度值得怀疑。莫，薄。⑰法言：有两种解释，一种指格言，另一种指古书。⑱始乎阳，常卒乎阴：指以巧斗力者，开始于明斗，结束于阴谋。⑲泰至：指达到极点。⑳始乎谅，常卒乎鄙：开始于诚信，结束于鄙恶。谅，取信。鄙，欺诈。㉑实丧：指得失。㉒设：置。指发作、产生。㉓巧言偏辞：指虚假不真、片面的言辞。巧，虚假不真。偏，片面。㉔茀然：气息急促的样子。茀，通「勃」。㉕心厉：狠戾之心。㉖剋核大至：逼迫太甚。大，通「太」。㉗无迁令，无劝成：不要改变所受的使命，不要强求事情的成功。迁，改变。劝，勉强。㉘益：添加。㉙乘物以游心：即顺任事物的自然而悠游自适。游心，指心灵自在。㉚托不得已以养中：托不得已，指随顺必然之理。养中，指养中和之气。㉛何作为报也：何必作意去报效国君呢！㉜致命：指原原本本地传达国君的意见。

人间世（下）

颜阖①将傅卫灵公太子，而问于蘧伯玉②曰：「有人于此，其德天杀③。与之为无方则危吾国，与之为有方则危吾身，其知适足以知人之过，而不知其所以过。若然者，吾奈之何？」蘧伯玉曰：「善哉问乎！戒之慎之，正汝身也哉！形莫若就④，心莫若和⑤。虽然，之二者有患。就不欲入⑥，和不欲出⑦。形就而入，且为颠为灭，为崩为蹶。心和而出，且为声为名，为妖为孽⑧。彼且为婴儿，亦与之为婴儿；彼且为无町畦⑨，亦与之为无町畦；彼且为无崖，亦与之为无崖⑩。达之入于无疵。汝不知夫螳螂乎？怒其臂以当车辙，不知其不胜任也，是其才之美者也。戒之慎之，积伐而美者⑪以犯之，几⑫矣！汝不知夫养虎者乎？不敢以生物与之，为其杀之之怒也；不敢以全物与之，为其决之之怒也；时其饥饱，达其怒心。虎之与人异类，而媚养己者，顺也；故其杀者，逆也。夫爱马者，以筐盛矢⑬，以蜄盛溺。适有蚊虻仆缘[14]，而拊之不时，则缺御[15]毁首碎胸[16]。意有所至而爱有所亡[17]，可不慎邪？」

匠石[18]之齐，至于曲辕，见栎社树[19]。其大蔽数千牛，絜之百围[20]，其高临山十仞而后有枝，其可以为舟者旁十数。观者如市，匠伯[21]不顾，遂行不辍。弟子厌观[22]之，走及匠石，曰：『自吾执斧斤以随夫子，未尝见材如此其美也。先生不肯视，行不辍，何邪？』曰：『已矣，勿言之矣！散木也，以为[23]舟则沉，以为棺椁则速腐，以为器则速毁，以为门户则液樠[24]，以为柱则蠹。是不材之木也，无所可用，故能若是之寿也。』匠石归，栎社见梦，曰：『汝将恶乎比予哉？若将比予于文木[25]邪？夫柤梨橘柚果蓏之属，实熟则剥，剥则辱[26]；大枝折，小枝泄[27]。此以其能苦其生者也，故不终其天年而中道夭，自掊击于世俗者也。物莫不若是。且予求无所可用久矣，几死，乃今得之，为予大用。使予也而有用，且得有此大也邪？且也若与予也皆物也，奈何哉其相物也？而几死之散人[28]，又恶知散木？』匠石觉而诊[29]其梦。弟子曰：『趣取[30]无用，则为社何邪？』曰：『密！若无言！彼亦直[31]寄焉，以为不知己者诟厉[32]也。不为社者，且几有翦[33]乎！且也彼其所保与众异，而以义喻[34]之，不亦远乎？』

南伯子綦[35]游乎商之丘，见大木焉，有异，结驷千乘，隐将芘其所藾[36]。子綦曰：『此何木也哉？此必有异材夫！』仰而视其细枝，则拳曲而不可为栋梁；俯而见其大根，则轴解[37]而不可为棺椁；咶[38]其叶则口烂而为伤；嗅之则使人狂酲[39]，三日而不已。子綦曰：『此果不材之木也，以至于此其大也！嗟乎，神人以此不材！』

宋有荆氏[40]者，宜楸柏桑。其拱把[41]而上者，求狙猴之杙[42]者斩之；三围四围，求高名之丽[43]者斩之；七围八围，贵人富商之家求椫傍者[44]斩之。故未终其天年而中道之夭于斧斤，此材之患也。故解之以牛之白颡者[45]与豚之亢鼻[46]者，与人有痔病者，不可以适河[47]。此皆巫祝以知之矣，所以为不祥也。此乃神人之所以为大祥也。

支离疏[48]者，颐隐于脐，肩高于顶，会撮[49]指天，五管[50]在上，两髀为胁[51]。挫鍼治繲[52]，足以糊口；鼓筴播精[53]，足以食十人。上征武士，则支离攘臂而游于其间；上有大役，则支离以有常疾不受功；上与病者粟，则受三钟[54]与十束薪。夫支离其形者，犹足以养其身，以终天年，又况支离其德[55]者乎？

孔子适楚，楚狂接舆游其门曰：『凤兮！凤兮！何如德之衰也！来世不可待，往世不可追也。天下有道，圣人成[56]焉；天下无道，圣人生焉。方今之时，仅免刑焉。福轻乎羽，莫之知载；祸重乎地，莫之知避。已乎，已乎！临人以德！殆乎，殆乎！画地而趋！迷阳迷阳[57]，无伤吾行！吾行郤曲[58]，无伤吾足！』

山木，自寇也；膏火，自煎[59]也。桂可食，故伐之；漆可用，故割之。人皆知有用之用，而莫知无用之用也。

【注释】

①颜阖：姓颜名阖，鲁国的贤人。②蘧伯玉：姓蘧名瑗，字伯玉，卫国的贤大夫。③天杀：天生的凶残嗜杀。④形莫若就：外表顺从，不违君臣之礼。⑤和：顺，含有顺其本性的意思。⑥就不欲人：亲近随顺不要太过度。⑦和不欲出：诱导之意不要太显露。⑧为妖为孽：招致灾祸。⑨町畦：田间的界路，喻指界线。⑩无崖：无拘束。崖，指山边。⑪积伐而美者：积，屡。伐，夸。而，你。⑫几：危险。⑬矢：同『屎』。⑭仆缘：附着。⑮缺御：指咬断了勒口。⑯毁首碎胸：挣断了辔头，弄辞了络饰。⑰意有所至而爱有所亡：本意在于爱马却适得其反。⑱名叫『石』的匠人。⑲栎社树：栎，树名。社，土神。以栎树为神社。⑳絜之百围：絜，量。围，圆周一尺。㉑匠伯：指工匠之长。㉒厌观：厌，指满足。厌观，指看了个够。㉓以为：即『以之为』，把它做成。㉔液樠：即像松木心那样流出树脂。液，浸渍。樠，松木心。㉕文木：可用之木。文，纹理。㉖辱：扭折。㉗泄：通『抴』，用力拉的意思。㉘散人：不成材之人。㉙诊：通『畛』，告诉的意思。㉚趣取：意在求取。㉛直：仅仅的意思。㉜诟厉：辱骂。㉝翦：斩伐。㉞义喻：从常理来了解。义，常理。喻，了解。㉟南伯子綦：人名，指《齐物论》中的南郭子綦。㊱芘其所藾：芘，

通『庇』，荫庇的意思。藾，荫蔽。㊲轴解：从木心向外裂开。㊳咶：通『舐』，用舌添。㊴酲：酒醉。㊵荆氏：地名，在宋国境内。㊶拱把：两手相合谓『拱』，手能握谓『把』。㊷杙：用来系牲畜的小木桩。㊸高名之丽：即高名之家，荣华高屋。㊹樿傍：棺之全一边者，独板棺木。㊺解之：祈祷神灵消灾。白颡：白额。㊻亢鼻：仰鼻，鼻孔翻上。㊼适河：把童男童女沉入河中祭祀。㊽支离疏：假托的人名。㊾会撮：发髻。㊿五管：五脏血管。(51)两髀为胁：髀，大腿。胁，胸旁的肋骨。(52)挫鍼治繲：缝洗衣服。鍼，同『针』，缝衣服。治繲，洗衣服。(53)鼓筴播精：以簸箕筛米扬去糠屑。(54)钟：六斛四斗为一钟。古代官吏俸禄多以钟计。(55)支离其德：即忘德也。(56)成：成就。(57)迷阳：即荆棘。(58)吾行郤曲：指道路艰难曲折。(59)自煎：自取熔煎。

德充符

鲁有兀者[1]王骀[2]，从之游者，与仲尼相若。常季[3]问于仲尼曰：『王骀，兀者也，从之游者，与夫子中分鲁。立不教，坐不议。虚而往，实而归。固有不言之教，无形而心成[4]者邪？是何人也？』仲尼曰：『夫子，圣人也，丘也直[5]后而来往耳！丘将以为师，而况不若丘者乎！奚假[6]鲁国，丘将引天下而与从之。』常季曰：『彼兀者也，而王[7]先生，其与庸亦远矣。若然者，其用心也，独若之何？』仲尼曰：『死生亦大矣，而不得与之变；虽天地覆坠，亦将不与之遗[8]；审乎无假[9]而不与物迁，命物之化[10]而守其宗[11]也。』常季曰：『何谓也？』仲尼曰：『自其异者视之，肝胆楚越也；自其同者视之，万物皆一也。夫若然者，且不知耳目之所宜[12]，而游心乎德之和。物视其所一而不见其所丧[13]，视丧其足犹遗土也。』常季曰：『彼为己[14]，以其知得其心，以其心得其常心[15]。物何为最[16]之哉？』仲尼曰：『人莫鉴于流水而鉴于止水。唯止能止众止[17]。受命于地，唯松柏独也正，在冬夏青青；受命于天，唯尧舜独也正，在万物之首。本能正生[18]，以正众生。夫保始之徵[19]，不惧之实，勇士一人，雄入于九军[20]。将求名而能自要者而犹若是，而况官天地、府万物[21]、直寓六骸[22]、象耳目[23]，一知之所知[24]而心未尝死者[25]乎！彼且择日而登假[26]，人则从是也。彼且何肯以物为事乎！」

申徒嘉[27]，兀者也，而与郑子产同师于伯昏无人[28]。子产谓申徒嘉曰：「我先出则子止，子先出则我止。」其明日，又与合堂同席而坐。子产谓申徒嘉曰：「我先出则子止，子先出则我止。今我将出，子可以止乎？其未邪？且子见执政[29]而不违[30]，子齐执政乎？」申徒嘉曰：「先生之门固有执政焉如此哉？子而悦子之执政而后人[31]者也。闻之曰：鉴明则尘垢不止，止则不明也。久与贤人处则无过。今子之所取大者[32]，先生也，而犹出言若是，不亦过乎！」子产曰：「子既若是矣，犹与尧争善。计子之德，不足以自反邪？」申徒嘉曰：「自状其过以不当亡者众[33]；不状其过以不当存者寡。知不可奈何而安之若命，唯有德者能之。游于羿[34]之彀中，中央者，中地也，然而不中者命也。人以其全足笑吾不全足者众矣，我怫然而怒，而适先生之所，则废然而反[35]。不知先生之洗我以善[36]邪？吾之自寤邪？吾与夫子游十九年矣，而未尝知吾兀者也。今子与我游于形骸之内，而子索我于形骸之外，不亦过乎！」子产蹴然改容更貌曰：「子无乃称[37]！」

鲁有兀者叔山无趾[38]，踵见[39]仲尼。仲尼曰：「子不谨前，既犯患若是矣，虽今来，何及矣！」无趾曰：「吾唯不知务而轻用吾身，吾是以亡足。今吾来也，犹有尊足[40]者存，吾是以务全之也。夫天无不覆，地无不载，吾以夫子为天地，安知夫子之犹若是也！」孔子曰：「丘则陋矣！夫子胡不入乎？请讲以所闻。」无趾出。孔子曰：「弟子勉之！夫无趾，兀者也，犹务学以复补前行之恶，而况全德[41]之人乎！」无趾语老聃曰：「孔丘之于至人，其未邪？彼何宾宾以学子为[42]？彼且以蕲[43]以諔诡幻怪[44]之名闻，不知至人之以是为己桎梏邪？」老聃曰：「胡不直使彼以死生为一条，以可不可为一贯者，解其桎梏，其可乎？」无趾曰：「天刑之[45]，安可解！」

鲁哀公问于仲尼曰：「卫有恶人焉，曰哀骀它。丈夫与之处者，思而不能去也；妇人见之，请于父母曰『与为人妻，宁为夫子妾」者，十数而未止也。未尝有闻其唱者也，常和人而已矣。无君人之位以济乎人之死，无聚禄以望人之腹，又以恶骇天下，和而不唱，知不出乎四域[46]，且而雌雄合乎前[47]，是必有异乎人者也。寡人召而观之，果以恶骇天下。与寡人处，不至以月数，而寡人有意乎其为人也；不至乎期年，而寡人信之。国无宰，而寡人传国焉。闷然而后应，氾[48]而若辞。寡人丑乎[49]，卒授之国。无几何也，去寡人而行。寡人恤[50]焉若有亡也，若无与乐是国也。是何人者也！」

仲尼曰：「丘也尝使[51]于楚矣，适见豚子[52]食于其死母者。少焉眴若[53]，皆弃之而走。不见己焉尔，不得类焉尔[54]。所爱其母者，非爱其形也，爱使其形者[55]也。战而死者，其人之葬也不以翣资[56]；刖者之屦，无为爱之[57]，皆无其本矣。为天子之诸御[58]：不爪翦[59]，不穿耳；取妻者止于外，不得复使。形全犹足以为尔，而况全德之人手！今哀骀它未言而信，无功而亲，使人授己国，唯恐其不受也，是必才全[60]而德不形[61]者也。」哀公曰：「何谓才全？」仲尼曰：「死生、存亡、穷达、贫富、贤与不肖、毁誉、饥渴、寒暑，是事之变命之行也。日夜相代乎前，而知不能规[62]乎其始者也。故不足以滑和[63]，不可入于灵府[64]。使之和豫[65]，通而不失于兑[66]。使日夜无郤[67]，而与物为春，是接[68]而生时于心者也。是之谓才全。」「何谓德不形？」曰：「平者，水停之盛也。其可以为法也，内保之而外不荡也。德者，成和之修[69]也。德不形者，物不能离也。」哀公异日以告闵子[70]曰：「始也吾以南面而君天下，执民之纪而忧其死，吾自以为至通矣。今吾闻至人之言，恐吾无其实，轻用吾身而亡其国。吾与孔丘非君臣也，德友而已矣！」

闉跂支离无脤[71]说卫灵公，灵公说之，而视全人，其脰肩肩[72]。瓮盎大瘿[73]说齐桓公，桓公说之，而视全人，其脰肩肩。故德有所长而形有所忘。人不忘其所忘，而忘其所不忘，此谓诚忘。

故圣人有所游，而知为孽[74]，约为胶[75]，德为接[76]，工为商[77]。圣人不谋，恶用知？不斲，恶用胶？无丧，恶用德？不货，恶用商？四者，天鬻[78]也。天鬻者，天食[79]也。既受食于天，又恶用人！有人之形，无人之情。有人之形，故群于人；

无人之情，故是非不得于身。眇乎小哉，所以属于人也；謷[80]乎大哉，独成其天。

惠子谓庄子曰：『人故无情乎？』庄子曰：『然。』惠子曰：『人而无情，何以谓之人？』庄子曰：『道与之貌，天与之形，恶得不谓之人？』惠子曰：『既谓之人，恶得无情？』庄子曰：『是非吾所谓情也。吾所谓无情者，言人之不以好恶内伤其身，常因自然而不益生也。』惠子曰：『不益生何以有其身？』庄子曰：『道与之貌，天与之形，无以好恶内伤其身。今子外乎子之神，劳乎子之精，倚树而吟，据槁梧而瞑[81]。天选[82]子之形，子以坚白鸣[83]。』

【注释】

①几：指刖足。②王骀：人名，鲁国人。③常季：孔子的徒弟。姓常，名季，鲁国的贤人。④无形而心成：无形，残疾之体无法形容。心成，因玄道至德而内心充实无比。⑤直：通『特』，仅、只的意思。⑥奚假：何止。⑦王：胜过的意思。⑧不与之遗：不会随之迷失自我。⑨审乎无假：处于无所待的状态。审，处。无假，无所假借。⑩命物之化：顺任事物的变化。⑪守其宗：执守事物变化的枢纽。⑫不知耳目之所宜：指不知耳目宜于声色是非。⑬物视其所一而不见其所丧：把万物看成一体，则无遗憾失落之感。物视，即视物。⑭彼为己：彼，指王骀。为己，指修身。⑮以其知得其心，以其心得其常心：用他的智慧去领悟『心』，再以这个『心』回到『常心』。『心』指有所分别的心。『常心』则指不起分别作用的心。⑯最：聚。⑰唯止能止众止：唯止，水本凝湛。能止，停留鉴人。众止，物来临照。⑱正生：正性，指尧舜自正性命。⑲保始之徵：保全本始的徵验。⑳九军：指千军万马。一说天子六军，诸侯三军，故名九军。㉑官天地、府万物：主宰天地，包藏万物。官，主宰。府，包藏。㉒直寓六骸：指寄精神于六骸中。寓，寄。六骸，身首四肢。㉓象耳目：视耳目为迹象。㉔一知之所知：指能知之智照所知之境。

一知，智。所知，境。㉕心未尝死者：心中没有生死变化的念头。㉖彼且择日而登假：且，将。择日，指日。登假，升于高远，形容超凡脱俗的精神。㉗申徒嘉：姓申徒，名嘉，郑国贤人。㉘伯昏无人：人名，子产与申徒嘉的老师。之所以叫此名是要表明此人韬光若暗、洞忘物我、德居物长的境界。㉙执政：子产是郑国执政大臣，这里是子产的自称。㉚不违：不避。㉛后人：瞧不起人。㉜所取大者：求广见识培养德行。取，求。大，指学问德行。㉝自状其过以不当亡者众：自己辩说过失以为不应残缺的人很多。㉞羿：上古之人，擅长射箭。㉟废然而反：比喻怒气全消，心平气和了。㊱洗我以善：指用善道来教导我。㊲子无乃称：指不用再说。乃称，指又说一次。㊳叔山无趾：『叔山』是字，遭刖足，所以称号为『无趾』。㊴踵见：踵行而求见。踵，即日常所说的脚后跟。㊵尊足：谓尊于足，贵于足。㊶全德：形德两全。㊷宾宾以学子为：宾宾，恭勤之貌。学子，即学于子。子，这里是对老聃的尊称。为，助语词。㊸蕲：求。㊹諔诡幻怪：奇异怪诞。㊺天刑之：天然的刑罚，指孔子天生根器如此。㊻不出乎四域：指不役思于分外。域，分。㊼雌雄合乎前：意指才全者与物无害，而鸟兽聚于其前。雌雄，指禽兽之类。㊽氾：形容心不在焉，有口无心的样子。㊾寡人丑乎：指鲁哀公深感惭愧。丑，特指惭愧。㊿恤：忧闷的样子。(51)使：出使，出游。(52)豚子：小猪。(53)眴若：惊慌的样子。(54)不得类焉尔：不同一类，意指不像活着的样子。(55)使其形者：指主宰形体的精神。(56)翣资：翣，古代出殡时棺木上的饰物，形状与羽扇类似。资，送。本句意思是为战死之人埋葬沙场用不着棺木，当然也就用不着棺饰，喻指失其根本的东西。(57)刖者之屦，无为爱之：断脚之人无足，无须爱鞋子。(58)诸御：指宫女。(59)不爪翦：指不加修饰以显本质。(60)才全：才质完备。(61)德不形：德不显露。(62)规：窥。(63)滑和：滑，乱。指扰乱本性的平和。(64)灵府：指心灵。和豫：和顺安适。(66)兑：悦，欢乐之意。(67)日夜无郤：日夜没有间断，指经常保持怡悦的心情。郤，通『隙』，间隙的意思。(68)接：接触外物。(69)成和之修：使事得以成、物得以和的德行修养。(70)闵子：孔子弟子闵子骞。

⑪闉跂支离无脤：曲足、伛背、无唇，形容形体不健全，容貌丑陋的人。⑫其脰肩肩：脰，颈头。肩肩，形容纤细弱小的样子。⑬瓮盎大瘿：形容颈瘤大如盆。⑭知为孽：以智巧为灾孽。⑮约为胶：以约束为胶漆，使散心凝聚、集中。⑯德为接：树德以对待苍生。⑰工为商：工巧是商贾的做法。⑱天鬻：天，自然。鬻，养。⑲天食：受天然的饲食，禀自天然。⑳謷：形容高大。㉑据：依靠。槁梧：指用梧桐木做成的几案。瞑：通『眠』，假寐的意思。㉒天选：天授。㉓坚白：惠施的坚白论。